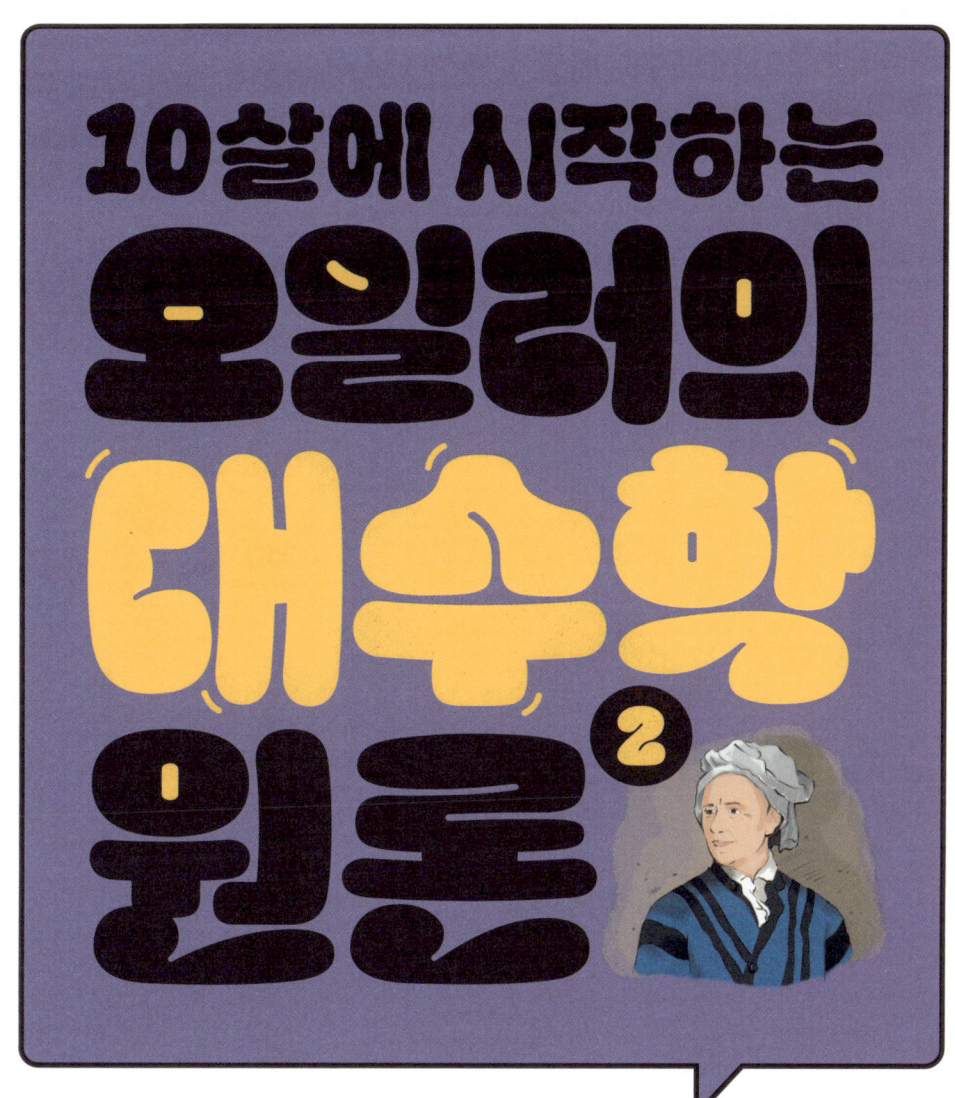

정완상 지음

자음과모음

레온하르트 오일러는 누구일까?

　레온하르트 오일러(Leonhard Euler, 1707~1783)는 스위스의 천재 수학자이다. 오일러의 수학적 능력은 당시 유럽에서 인정받던 수학자 중 한 명인 요한 베르누이와 그의 아들 다니엘 베르누이의 눈에 띄었다.

　1727년 오일러는 러시아의 페테르부르크 아카데미(현재 러시아 과학 아카데미)의 회원이 되었고, 1733년에 다니엘 베르누이의 뒤를 이어 수학과장이 되었다. 오일러는 아카데미에 제출한 수많은 책과 논문을 통해 삼각 함수, 로그 함수 및 정수론을 발전시켰으며 순수 수학의 거의 모든 분야를 연구했다.

오일러는 28세에 오른쪽 시력을 잃었음에도 불구하고 수학 연구를 중단하지 않았다. 그는 1741년 프리드리히 대왕의 초청을 받아 베를린의 프로이센 과학 아카데미의 회원이 되어 25년 동안 꾸준히 논문을 발표했다.

오일러의 여러 연구 중에서 한붓그리기 연구와 입체 도형의 점, 선, 면 개수에 관한 연구는 현대의 위상 수학을 만드는 데 큰 기여를 했다. 그래서 오일러를 '위상 수학의 창시자'라고도 부른다.

오일러는 수학자이면서 동시에 과학자이기도 했다. 그는 뉴턴의 운동 방정식을 다른 형태로 표현하는 등 물리학에도 많은 기여를 했고 태양, 달, 지구의 상호 작용에 대한 연구로도 유명하다.

10살부터 오일러의 『대수학 원론』을 읽을 수 있다고?

『대수학 원론(Elements of Algebra)』은 1765년 오일러가 쓴 세계 최초의 수학 교과서이다.

이 책의 독일어 제목은 『Vollstädige Anleitung zur Algebra』, 해석하면 '대수학에 대한 완전한 지침'이다.

이 책은 오일러가 쓴 『물리학과 철학의 다양한 주제에 관하여』와 더불어 일반인이 접근할 수 있는 수학책이다.

『대수학 원론』은 다른 수학자들이 연구한 내용을 자신의 방식으로 친절하게 설명한다. 『대수학 원론』은 개수를 헤아리기 위해 수가 필요하다는 점에서 시작해 다양한 연산, 지수와 로그, 다항식, 수열과 방정식의 해법에 대한 내용을 다룬다.

『대수학 원론』은 오일러의 재능 기부이자 10세부터 읽을 수 있는 꼭 알아야 할 최초의 수학 교과서이다.

『대수학 원론』 라틴어 원본 책은 현재 구입할 수 없고 유럽이나 미국의 세계적인 대학에만 비치되어 있는 것으로 알고 있다. 그래서 이 책에는 영문판 원문으로 설명했다.

'대수학'은 영어로 'algebra(앨지브러)'라고 하며, 수와 식을 계산하고 정리하며 성질을 조사하는 수학의 한 종류이다.

『대수학 원론』은 책의 제목에 걸맞게 대수학의 모든 내용을 친절하게 다루고 있다. 아마도 오일러는 이 책을 쓰기 위해 다른 수학자들의 수많은 저서와 논문을 읽었을 것이다.

저자의 말

초등 어린이의 눈높이에 맞춘 『대수학 원론』

　『대수학 원론』을 현대의 초등 수학 교양 도서로 만들기 위해 고민했다. 이렇게 훌륭한 수학 고전을 초등 저학년 학생들이 읽게 좀 더 쉽고 재미있게 만들자는 결론을 내렸다.

　오일러의 『대수학 원론』은 원래 청소년에게 익숙한 문자로 기술되어 있다. 그래서 초등학생에게 친숙한 수로 바꾸는 작업에서 긴 시간이 걸렸다.

　『10살에 시작하는 오일러의 대수학 원론』 2권에서는 자연수, 짝수와 홀수의 성질, 콜라츠 추측, 파스칼의 삼각형, 비와 비례 및 비가 일정한 수열에 관한 오일러의 강의를 담았다.

우리나라 대다수의 수학 교과서는 문제 풀이를 위주로 구성되어 있다. 그에 비해 『10살에 시작하는 오일러의 대수학 원론』은 개념과 논리에 더 치중한다. 어린이 독자들의 이해를 돕기 위해 원작에 없는 다른 수학자들의 발견에 관한 역사도 곁들였다.

이 책은 선생님과 학생의 대화로 이루어져 있다. 여기에서 선생님은 오일러다.

모든 수학 용어는 우리나라의 교과서에 나온 용어로 다시 썼다. 따라서 이 책에서 선생님은 오일러이자 저자 정완상이라고 여겨 주면 마땅할 듯하다.

이 책을 통해 우리나라에서도 '수학의 노벨상'인 필즈상을 받는 수많은 수학자가 탄생하기를 바란다.

진주에서 정완상

차례

레온하르트 오일러는 누구일까? ... 4
10살부터 오일러의 『대수학 원론』을 읽을 수 있다고? ... 6
저자의 말—초등 어린이의 눈높이에 맞춘 『대수학 원론』 ... 8

오일러의 대수학 원론 4. 자연수의 성질

자연수에 관하여 ... 14
짝수와 홀수 ... 26
콜라츠 추측 ... 39
3으로 나눈 나머지에 따른 수의 분류 ... 44

🔍 더 들여다보기 | 자연수의 역사 ... 50

오일러의 대수학 원론 5. 파스칼의 삼각형

파스칼 ... 54
재미있는 곱셈 법칙 ... 59

파스칼의 삼각형 78

🔍 **더 들여다보기** | 동양에서 먼저 발견한 '파스칼의 삼각형' 95

오일러의 대수학 원론 6. 비가 일정한 수열

비, 비율과 비례식	100
비의 합성	113
비가 일정한 수열	123
비가 일정한 수열의 합	128
비가 일정한 수열의 응용	138
무한히 더하기	148

🔍 **더 들여다보기** | 최초의 원자로를 만든 페르미 166

· 자연수의 성질 ·

자연수에 관하여

선생님 오일러의 『대수학 원론』 내용을 살펴보기 전에 자연수의 성질을 다시 짚어 볼까? 어때, 설명할 수 있겠니?

학생 흠, 잠깐만요! 우선 자연수를 쭉 적어 볼게요.

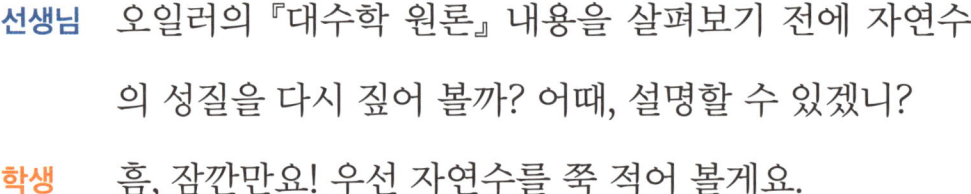

1, 2, 3, 4,……

이렇게 보니 각각의 수들 사이의 차이가 1이네요! 2는 1보다 1 큰 수이고, 3은 2보다 1 큰 수예요.

  그러니까 자연수는 1부터 시작하여 1씩 커지는 수라고 할 수 있겠네요.

선생님 잘 설명했어! 그렇다면 이 질문에도 답해 보렴.
자연수는 유한할까? 무한할까?

학생 그러니까 자연수에 끝이 있는지, 없는지를 물어보시는 거죠?

  자연수는 앞의 수와 1씩 차이가 나는 수니까, 1을 계속 더하면 1씩 큰 수를 끝없이 만들 수 있을 것 같아요. 따라서 답은 무한하다, 맞죠?

선생님 제법인걸? 방금 너는 추측으로 답을 이야기했지만, 이 사실은 수학적으로도 증명할 수 있어.

학생 정말요? 벌써부터 어려운 내용이 시작되는 건가요?

선생님 하하, 생각보다 간단하단다!

'부정의 부정은 긍정이다.'라는 말을 들어 봤지?

예를 들어, '나는 초등학생이 아니지 않다.'라고 말하면 '나는 초등학생이다.'와 같은 뜻이 되잖니.

바로 이 논리를 사용해서 자연수가 무한하다는 사실을 증명할 수 있어.

학생 와, 아직은 감이 안 잡혀요.

선생님 차근차근 해 보면 쉽단다.

자, 우리가 증명해야 하는 것은 '자연수는 무한하다.'이지? 그러니 먼저 이 문장을 한번 부정해 보는 거야.

학생 알겠어요. 어디 보자…… '자연수가 무한하지 않다.' 이렇게 바꾸면 될까요?

선생님 잘했어! 이렇게 가정했는데 모순(앞뒤가 맞지 않음)이 생긴다면 방금 네가 세운 가정이 잘못되었다는 뜻이란다.

학생 이제 알 것 같아요!

그럼 먼저 자연수의 개수에 끝이 있다고 가정하고, 여기에 모순이 있는지 살펴봐야겠네요.

선생님 맞아. 만약 자연수가 유한하다면, 틀림없이 가장 큰 자연수가 있을 거야. 너희 반에서 가장 키가 큰 친구가 누구인지 알 수 있는 것처럼 말이야.

학생 맞아요. 저희 반 학생 수는 정해져 있으니까요.

선생님 자연수는 1씩 커지는 수니까, 가장 큰 자연수보다 1 큰 수도 자연수가 돼.

그런데 가장 큰 자연수보다 1 큰 수는 가장 큰 자연수보다 큰 자연수이지.

학생 으, 헷갈려! 그러니까 저희 반에서 가장 키가 큰 친구보다 키가 1cm(센티미터) 더 큰 친구가 있는 것과 똑같네요. 그렇게 되면 가장 키가 큰 친구가 바뀌게 되는 거 아닌가요?

선생님 어때, 말이 안 되지? 이런 걸 모순이라고 불러. 그러니까 가정이 잘못된 거야.

즉 가장 큰 자연수는 존재하지 않는다는 뜻이지.

학생 가장 큰 자연수가 없다면, 자연수는 유한하지 않은 거네요! 헤헤, 생각보다 쉬운데요!

그런데 선생님, 모순이 정확히 무슨 뜻이에요?

선생님 '모(矛)'는 창을 뜻하고 '순(盾)'은 방패를 의미하는 한자란다. 즉, 모순은 창과 방패라는 뜻이야.

흔히 앞뒤가 맞지 않을 때 쓰는 말인데, 옛날 이야기에서 따온 고사성어란다.

중국 초나라 때 시장에 무기를 팔러 나온 상인이 화려하게 창을 휘저으며 구경꾼들을 향해 말했어.

"이 창의 예리함은 천하제일입니다. 어떤 방패라도 쉽게 꿰뚫을 수 있지요. 이런 명품을 살 분 안 계십니까?"

사람들은 구경만 할 뿐 아무도 선뜻 앞으로 나서지 않았어. 조금 실망한 상인은 창을 바닥에 내려놓고 이번에는 방패를 집어 들었어.

"자, 그러면 이번에는 방패를 하나 보여 드리겠습니다. 이 방패로 말할 것 같으면 단단하기가 그지없어 세상의 어떤 창이라도 거뜬히 막아 냅니다. 이렇게 좋은 방패를 사실 분 없습니까?"

이번에도 사겠다고 하는 사람은 없었지. 그러자 한 사나이가 앞으로 나서며 상인에게 말했어.

"당신 말대로 그 창이 어떤 단단한 방패라도 꿰뚫을 수 있고 방패는 어떤 예리한 창도 막아 낼 수 있다면, 그 창으로 그 방패를 한번 찔러 봅시다. 결과가 어떻게 될 것 같소?"

그 말에 구경꾼들은 모두 큰 소리로 웃었고, 무기상은 붉으락푸르락한 얼굴로 창과 방패를 챙겨 서둘러 자리를 뜨고 말았어.

그 후 창과 방패라는 뜻의 한자어 '모순(矛盾)'은 이치에 맞지 않는 상황을 뜻하는 단어가 된 거야.

학생 하하, 자기 꾀에 자기가 당했네요! 이런 이야기는 언제 들어도 정말 재미있어요.

선생님 이번에는 달력을 이용해 친구를 놀라게 하는 방법을 알려 줄게. 우선 친구에게 이 달력을 보여 주렴. 2025년 1월 달력이란다.

월	화	수	목	금	토	일
		1	2	3	4	5
6	7	8	9	10	11	12
13	14	15	16	17	18	19
20	21	22	23	24	25	26
27	28	29	30	31		

이제 친구에게 가로로 세 줄, 세로로 세 줄로 이어진 아홉 개의 수를 고르라고 하렴. 지금은 친구가 아래 그림의 노란색으로 표시된 아홉 개의 수를 골랐다고 생각해 보자.

월	화	수	목	금	토	일
		1	2	3	4	5
6	7	8	9	10	11	12
13	14	15	16	17	18	19
20	21	22	23	24	25	26
27	28	29	30	31		

이제 친구에게 누가 더 빨리 아홉 개의 수를 더하는지 시합을 하자고 하는 거야. 그러면 친구가 열심히 덧셈을 하겠지?

$$6+7+8+13+14+15+20+21+22=126$$

학생 저보다 친구가 더 빠르게 계산하면 어떡해요?

선생님 걱정 마. 내가 가르쳐 주는 방법이면 무조건 친구를 이길 수 있단다.

아홉 개의 수 중에서 가로 첫 줄의 수 세 개만 더한 뒤, 그 값에 3을 곱하고 63을 더하면 금방 답이 나와.

$$(6+7+8) \times 3 + 63 = 21 \times 3 + 63$$
$$= 63 + 63 = 126$$

학생 와! 훨씬 간단하네요. 나중에 친구에게 써먹어야지! 그런데 어떻게 이런 공식이 나온 거예요?

선생님 달력에서 같은 세로줄에 있는 수들을 보렴. 위에 있는 수에 7을 더하면 바로 아래에 있는 수가 되지?

그러니 6 바로 밑에 있는 13은 달리 표현하면 6+7이 되는 셈이지. 이런 식으로 아홉 개의 수에 대한 덧셈식을 정리하면,

$$6+7+8$$
$$+(6+7)+(7+7)+(8+7)$$
$$+(6+14)+(7+14)+(8+14)$$
$$=(6+7+8)\times3+7\times3+14\times3$$
$$=(6+7+8)\times3+63$$

이런 공식이 만들어진단다.

학생 으음, 한 번만 더 계산해 보면 외울 수 있을 것 같아요!

선생님 좋아, 이번에는 친구가 아래 달력에 표시된 아홉 개의 수를 골랐다고 생각해 보렴. 공식을 적용할 수 있겠니?

월	화	수	목	금	토	일
		1	2	3	4	5
6	7	8	9	10	11	12
13	14	15	16	17	18	19
20	21	22	23	24	25	26
27	28	29	30	31		

학생 어디 보자, 가로 첫 줄의 수 세 개를 더한 값에 3을 곱하고, 거기에 63을 더하면…….

$$(15+16+17) \times 3 + 63 = 48 \times 3 + 63 = 207$$

아홉 개의 수를 모두 더한 값은 207이에요!

선생님 잘했어!

학생 연속된 세 수의 덧셈은 반드시 포함되네요.

선생님 연속된 수의 덧셈을 구하는 방법은 오일러의 책에 다음과 같이 나와.

> This result furnishes an easy method of finding the sum of any arithmetical progression ; and may be reduced to the following rule :
> Multiply the sum of the first and the last term by the number of terms, and half the product will be the sum of the whole progression. Or, which amounts to the same, multiply the sum of the first and the last term by half the number of terms. Or, multiply half the sum of the first and the last term by the whole number of terms.

연속된 수의 덧셈은 제일 작은 수와 제일 큰 수를 더한 값에 더하는 수의 개수를 곱한 후 2로 나누면 돼.

예를 들어 15＋16＋17에서 가장 작은 수 15와 가장 큰 수 17의 합은 32이고, 더하는 수는 세 개이므로 32×3＝96이 돼. 이 수를 2로 나누면 48이 되는데 이것이 바로 15＋16＋17을 계산한 결과야.

학생 연속된 수가 많으면 이 방법이 편리하겠네요.

> It will be necessary to illustrate this rule by some examples.
> First, let it be required to find the sum of the progression of the natural numbers, 1, 2, 3, &c. to 100. This will be by the first rule, $\frac{100 \times 101}{2} = \frac{10100}{2} = 5050$.

선생님 오일러의 책에는 1부터 100까지의 덧셈을 1과 100의 합인 101에 더하는 수의 개수인 100을 곱한 후 2로 나누면 5,050이라는 값을 얻게 된다는 내용이 들어 있어.

짝수와 홀수

선생님 사람은 크게 남자와 여자로 나눌 수 있어. 그러므로 어떤 한 사람을 택하면 그 사람은 남자이거나 여자 둘 중 하나가 되지.

마찬가지로 자연수도 두 종류로 분류할 수 있어.

자연수는 다음과 같이 홀수와 짝수로 나눌 수 있어.

> 홀수 : 1, 3, 5, 7, 9, ……
> 짝수 : 2, 4, 6, 8, 10, ……

학생   아, 이건 알아요! 둘씩 짝지었을 때 딱 떨어지면 짝수, 하나가 남으면 홀수지요?

선생님   재미있는 표현이구나. 네가 말한 짝수의 성질은 다음과 같이 나타낼 수 있어.

$$2 = 2 \times 1$$
$$4 = 2 \times 2$$
$$6 = 2 \times 3$$
$$8 = 2 \times 4$$
$$\vdots$$

학생   이렇게 보니 짝수는 2의 배수이네요.

선생님   맞아. 2로 나눈 나머지가 0인 수들이지.

학생   어, 그럼 0도 짝수예요?

0을 2로 나누면 남는 것이 없잖아요!

선생님   맞아, 0은 짝수야.

0은 2에 0을 곱한 값이라고 할 수 있거든.

$$0 = 2 \times 0$$

여기서 0을 2로 나누면 몫도 0이지만, 나머지도 0이 돼.

$$0 \div 2 = 0$$

그러니까 0은 2로 나눴을 때 나머지가 0인 수, 짝수인 거란다.

학생　오, 이해했어요! 그럼 홀수도 짝수처럼 수식으로 나타낼 수 있나요?

선생님　그럼, 물론이지!

자, 홀수는 둘씩 짝지었을 때 하나가 남는 수이니까 짝수보다 1 큰 수라 할 수 있어. 이 성질을 수식으로 나타내면 이렇게 되지.

$$1 = 2 \times 0 + 1$$
$$3 = 2 \times 1 + 1$$
$$5 = 2 \times 2 + 1$$
$$7 = 2 \times 3 + 1$$
$$\vdots$$

학생　다시 말해 홀수는 2로 나눴을 때 나머지가 1인 수네요.

선생님　정리 잘하는걸? 그러면 좀 더 나아가서, 홀수와 짝수의 덧셈에 대한 재미있는 성질을 익혀 볼까?

홀수와 짝수의 덧셈에는 다음과 같은 성질이 있어.

> (홀수) + (홀수) → (짝수)
>
> (홀수) + (짝수) → (홀수)
>
> (짝수) + (짝수) → (짝수)

학생 짝수와 짝수를 더하면 짝수가 되는 건 알겠어요. 그런데 나머지 두 개는 어떻게 된 거예요?

선생님 예를 하나 들어 볼게. 3과 7을 더하면 얼마지?

학생 에이, 저를 어떻게 보시고. 당연히 10이죠!

선생님 맞아. 그런데 이상하지 않니? 3과 7은 모두 홀수잖아.

학생 앗, 정말이네요? 홀수끼리 더했는데 짝수인 10이 나왔어요!

선생님 또 다른 예를 보자. 홀수인 3과 짝수인 10을 더하면 얼마니?

학생 13이요! 정말 홀수랑 짝수를 더하니까 홀수가 나왔네요?

선생님 맞아. 이렇게 어떤 수를 골라 계산해 봐도 앞서 설명한 세 가지 성질이 성립한다는 것을 쉽게 알 수 있단다.

학생   꼭 기억해 둘게요.

선생님   기억하는 김에 이것도 잘 알아 두렴.

짝수와 홀수의 덧셈뿐만 아니라, 곱셈에도 특별한 성질이 있거든.

> (홀수) × (홀수) → (홀수)
>
> (홀수) × (짝수) → (짝수)
>
> (짝수) × (짝수) → (짝수)

학생   아까와는 반대네요!

홀수끼리 곱하면 홀수가 나오고, 홀수와 짝수를 곱하면 짝수가 나오니까요.

선생님   잘 파악했어. 이 성질도 예시를 통해 배워 보자.

3과 5를 곱하면 얼마지?

학생   15요!

선생님   맞아. 앞에서 설명했듯이 3과 5가 모두 홀수이니까 두 수의 곱도 홀수인 15가 나왔어.

	그럼 이번엔 11에 4를 곱하면 얼마인지 계산해 볼래?
학생	44예요! 홀수인 11과 짝수인 4를 곱해서 짝수인 44가 나온 거군요.
선생님	아주 잘 이해했구나. 지금 배운 것을 꼭 기억해 두렴. 이런 성질은 아주 간단하지만 중요해. 어려운 문제를 풀 때 자주 쓰이거든.
학생	정말요? 어떤 문제를 풀 때 쓸 수 있어요?
선생님	예를 들면 이런 문제야. 이 곱셈의 답은 홀수일까? 짝수일까?

$$341 \times 1202 \times 6387$$

학생	숫자가 커서 계산이 너무 복잡해요.
선생님	하하, 방금 배운 걸 생각해 보면 계산하지 않고도 답을 알 수 있어.
	341은 홀수, 1,202는 짝수, 6,387은 홀수잖니? 그러니까 이 식을 홀수와 짝수로 나타내면 이렇게 돼.

> (홀수) × (짝수) × (홀수)

홀수에 짝수를 곱하면 짝수가 되고, 여기에 다시 홀수를 곱하면 또다시 짝수가 나오니까 답은 짝수란다.

학생 앗, 잠시만요!

그럼 여러 수를 곱할 때 짝수가 하나라도 들어 있으면 결과는 짝수가 되겠네요?

선생님 옳지! 홀수끼리 곱해야만 홀수가 나오니까 말이야.

그래서 연속한 두 수의 곱은 항상 짝수란다. 예를 들면 다음과 같아.

> $2 \times 3 \rightarrow$ 짝수
> $3 \times 4 \rightarrow$ 짝수
> $5 \times 6 \rightarrow$ 짝수

학생 연속한 두 수 중 하나는 반드시 짝수이기 때문이군요!

선생님 맞아. 잘 이해하고 있구나! 그럼 짝수와 홀수의 성질을 이용하는 문장제도 하나 풀어 볼까?

> 어느 초등학교 학생 49명의 수학 점수 중 어떤 한 명의 점수를 제외한 나머지 학생의 점수의 합이 짝수이다. 남은 학생의 점수가 77점일 때 모든 학생의 점수의 합은 홀수일까? 짝수일까?

학생 이 문제는 제가 풀어 볼게요. 한 명의 점수를 제외한 나머지 학생들의 점수의 합이 짝수라고 했죠? 그럼 식으로는 이렇게 나타낼 수 있겠네요.

> (모든 학생의 점수의 합)−(한 명의 점수)=(짝수)

그러면 모든 학생의 점수의 합은 짝수인 나머지 학생들의 점수의 합에 한 명의 점수를 더한 값이니까 이렇게 나타낼 수 있어요.

> (모든 학생의 점수의 합)=(짝수)+(한 명의 점수)

그런데 한 명의 점수가 77점으로 홀수예요.

그러니까 모든 학생의 점수의 합은 짝수에 홀수를 더해서 홀수가 되네요!

선생님 정말 잘했어! 열심히 공부했으니까, 이번에는 쉬어 가는 느낌으로 홀수와 짝수를 이용한 게임을 가르쳐 줄게.

먼저 친구에게 두 장의 종이를 나눠 줘. 두 장의 종이는 구별이 될 수 있도록 다른 색깔의 종이로 고르는 것이 좋아. 어떤 색으로 할래?

학생 음…… 흰색과 노란색이요!

선생님 좋아. 그런 다음 친구에게 두 종이에 각각 짝수 한 개와 홀수 한 개를 적게 하는 거야. 그러면 이제 친구가 어느 종이에 홀수를 썼는지 간단하게 맞출 수 있어.

학생 어떻게요? 마술을 쓰는 거예요?

선생님 하하, 수학도 마술이라면 마술이지!

우선 친구에게 노란 종이에 쓴 수에 2를 곱하고, 거기에 흰 종이에 쓴 수를 더한 다음, 다시 10을 더하라고 해. 그리고 그렇게 계산한 답을 알려 달라고 하는 거야.

만약 답이 짝수면 노란 종이에 쓴 수가 홀수이고, 답이 홀수이면 흰 종이에 쓴 수가 홀수가 된단다. 예를 들어 친구가 흰 종이에 13을, 노란 종이에 22를 썼다고 생각해 보자.

$$22 \times 2 + 13 + 10$$
$$= (노란\ 종이에\ 쓴\ 수) \times (짝수) + (흰\ 종이에\ 쓴\ 수) + (짝수)$$
$$= (짝수) + (흰\ 종이에\ 쓴\ 수) + (짝수)$$
$$= 67$$

여기서 답인 67은 2로 나누어 떨어지지 않는 홀수야. 그럼 짝수 두 개와 흰 종이에 쓴 수의 합이 홀수라는 것은 무슨 뜻일까?

학생 흰 종이에 쓴 수가 홀수라는 뜻이에요!

선생님 잘 이해했구나! 그래서 친구가 말한 답이 홀수면, 흰 종이에 쓴 수는 홀수가 되는 거란다.

그럼 반대로 친구가 흰 종이에 22를, 노란 종이에 13을 썼다면 어떨까?

$$13 \times 2 + 22 + 10$$
$$= (노란 \; 종이에 \; 쓴 \; 수) \times (짝수) + (흰 \; 종이에 \; 쓴 \; 수) + (짝수)$$
$$= (짝수) + (흰 \; 종이에 \; 쓴 \; 수) + (짝수)$$
$$= 58$$

학생 58은 짝수니까, 짝수 두 개와 흰 종이에 쓴 수의 합이 짝수라는 뜻이네요.

그럼 흰 종이에 쓴 수는 짝수여야 해요!

선생님 맞아. 그래서 친구가 말한 답이 짝수이면, 노란 종이에 쓴 수는 홀수가 되지.

학생 열심히 연습해서 친구에게 써먹어야겠어요!

콜라츠 추측

선생님 이번에는 재미있는 수의 나열에 대해 이야기해 줄게. 신기하게도 아직까지 아무도 이런 나열이 생겨나는 이유를 모른단다.

학생 그래요? 그럼 제가 그 이유를 찾아내 볼래요!

선생님 오, 도전하는 자세 아주 좋은걸?

학생 이 정도야 기본이죠. 어떤 문제예요?

선생님 우선 수 하나를 떠올려 보렴.

학생 음…… 네, 생각했어요!

선생님 그 수가 짝수면 2로 나누고, 홀수면 3을 곱한 후 1을 더하는 것을 반복해. 이렇게 계속 계산을 이어 가다가 답이 자연수가 아니면 멈추는 거야.

이런 식으로 하면 놀랍게도 마지막 숫자는 항상 1이 된단다.

학생 앗, 정말요? 제가 한번 계산해 볼게요. 아까 제가 고른 수는 18이고 18은 짝수니까 2로 나누면 9가 돼요.

9는 홀수니까 3을 곱한 다음 1을 더하면 28이고, 28은 짝수니까 2로 나누면 14예요.

14는 짝수니까 2로 나누면 7이고, 7은 홀수니까 3을 곱한 후 1을 더하면 22, 22는 짝수니까 2로 나누면 11이 되고……. 아휴, 끝이 없네! 선생님, 언제까지 해야 해요?

선생님 하하, 조금만 더 인내심을 가지고 계산해 보면, 수가 이렇게 변한단다.

10살에 시작하는 오일러의 대수학 원론 2

- 독후활동지 -

| 날짜 | 이름 | 점수 |

❖ 다음 글을 읽고 물음에 답하시오.

[활동1] 주관식

다음 빈칸에 알맞은 수를 써 보세요.

① 1, 3, 9, 27, ☐, 243 ……

정답: ....

② 5, 10, 20, ☐, 80, 160 ……

정답: ....

③ 4, 12, 36, ☐, 324 ……

정답: ....

④ 1, 2, 3, 1, 2, ☐, 1, 2 ……

정답: ....

[활동2] 주관식

홀수와 짝수의 곱에 대한 성질을 공부하면 수식의 계산 값이 짝수인지 홀수인지 계산해 보지 않고도 알 수 있어요. 다음 수식의 계산 값이 홀수면 '홀'이라고 쓰고 짝수이면 '짝'이라고 써 보세요.

⑤ 12 × 37 × 67 × 97 × 137

정답: ....

⑥ 63 × 55 × 107 × 29

정답: ....

⑦ 3 × 3 × 3 × 3

정답: ....

뒷장으로 이어집니다.

[활동3] 주관식

본문 69쪽에서 배운 오일러 『대수학 원론』 원문 내용을 복습하며 다음 물음에 답해 봅시다.

> Now, we may substitute for a and b any numbers whatever; so that the above example will furnish the following theorem; viz. The sum of two numbers, multiplied by their difference, is equal to the difference of the squares of those numbers: which theorem may be expressed thus:
>
> $$(a+b) \times (a-b) = a^2 - b^2$$
>
> And from this another theorem may be derived; namely, The difference of two square numbers is always a product, and divisible both by the sum and by the difference of the roots of those two squares; consequently, the difference of two squares can never be a prime number.

위 원문에 나오는 공식에 따라서 다음을 계산해 보세요.

8 (a+1) × (a-1)

정답:

9 (a+2) × (a-2)

정답:

10 (1+a) × (1-a)

정답:

11 (2+a) × (2-a)

정답:

[활동4] 주관식

이 책에는 머리셈으로 빠르게 곱셈을 할 수 있는 재미있는 방법이 소개되어 있어요. 이 방법을 써서 다음 곱셈을 머리셈으로 해 보세요.

12 103 × 97

정답:

13 102 × 98

정답:

14 21 × 21

정답:

15 101 × 101

정답:

$$18-9-28-14-7-22-11-34-$$
$$17-52-26-13-40-20-10-5-$$
$$16-8-4-2-1$$

학생   정말 마지막 수가 1이 되었네요!

선생님   그래. 이것을 처음 발견한 사람은 로타르 콜라츠라는 수학자란다. 그는 이 사실을 1937년에 발견했지.

그래서 이것을 콜라츠 추측(Collatz conjecture)이라고 불러.

학생 인내심이 엄청나게 대단한 분이었나 봐요.

선생님 끈기는 수학자의 기본 소양이지!

자, 그런 의미에서 이번엔 네가 직접 콜라츠 추측을 확인해 보렴. 이번에는 조금 빨리 끝나는 수에서 시작하자. 6 어떠니?

학생 으음, 빨리 끝나는 거 맞죠? 그럼 이번에는 포기하지 않고 끝까지 해 볼게요! 어디 보자…….

$$6-3-10-5-16-8-4-2-1$$

우아, 이번에도 1로 끝났어요!

선생님 잘했어. 직접 확인해 보니까 더 신기하지?

시작하는 수에 따라 1이 나오기까지 오래 걸리기도 하고 빨리 끝나기도 해. 예를 들어 27에서 시작하면 무려 111번의 계산을 거쳐야 1이 나오지.

이 추측은 268까지의 모든 자연수에 대해 성립한다는 것이 컴퓨터를 통해 확인되었어. 그러나, 아직 모든 자연수에 대한 증명은 발견되지 않았단다.

학생 그럼 콜라츠 추측을 완전히 증명하면 필즈상을 받을 수 있을까요?

선생님 그럴지도 몰라.

3으로 나눈 나머지에 따른 수의 분류

선생님 여기서 잠깐 복습하자꾸나.

자연수는 무엇과 무엇으로 분류할 수 있다고 했지?

학생 짝수와 홀수요!

선생님 맞아. 그리고 짝수와 홀수는 2로 나눈 나머지가 얼마인지에 따라 나뉜다고 했어.

짝수는 2로 나눈 나머지가 0인 수이고, 홀수는 2로 나눈 나머지가 1인 수이지.

학생 잠깐만요! 그럼 2 말고도, 다른 수로 나눈 나머지로 분류하면 자연수를 여러 종류로 분류할 수 있겠네요.

선생님 맞아! 만약 3으로 나누었을 때의 나머지에 따라 자연수를 분류한다면, 짝수와 홀수 두 종류가 아니라 세 종류로 나눌 수도 있지.

학생 그럼 이렇게 분류한 세 종류의 수들도 짝수와 홀수처럼 재미있는 성질을 갖고 있나요?

선생님 물론이야. 먼저 덧셈에 관해서는 다음과 같은 성질이 성립해.

> 나머지가 0인 수 : 3, 6, 9, 12, ……
>
> 나머지가 1인 수 : 1, 4, 7, 10, ……
>
> 나머지가 2인 수 : 2, 5, 8, 11, ……

(나머지가 0인 수) + (나머지가 0인 수)
= (나머지가 0인 수)

(나머지가 0인 수)+(나머지가 1인 수)

=(나머지가 1인 수)

(나머지가 0인 수)+(나머지가 2인 수)

=(나머지가 2인 수)

(나머지가 1인 수)+(나머지가 1인 수)

=(나머지가 2인 수)

(나머지가 1인 수)+(나머지가 2인 수)

=(나머지가 0인 수)

(나머지가 2인 수)+(나머지가 2인 수)

=(나머지가 1인 수)

학생 짝수와 홀수의 덧셈의 성질과 비슷하지만 조금 더 복잡하네요.

선생님 나머지에 따른 수의 종류가 하나 더 늘어났기 때문이야. 그래서 곱셈에 대한 성질도 짝수와 홀수 때보다 조금 더 복잡한 편이란다.

(나머지가 0인 수) × (나머지가 0인 수)
＝(나머지가 0인 수)

(나머지가 0인 수) × (나머지가 1인 수)
＝(나머지가 0인 수)

(나머지가 0인 수) × (나머지가 2인 수)
＝(나머지가 0인 수)

(나머지가 1인 수) × (나머지가 1인 수)
＝(나머지가 1인 수)

$$(\text{나머지가 1인 수}) \times (\text{나머지가 2인 수})$$
$$= (\text{나머지가 2인 수})$$

$$(\text{나머지가 2인 수}) \times (\text{나머지가 2인 수})$$
$$= (\text{나머지가 1인 수})$$

학생   쉽진 않지만 익숙해지면 재미있을 것 같아요.

선생님   그렇지? 이런 재미있는 수학 규칙이 달력 속에도 숨어 있단다.

학생   헉, 정말요? 그게 뭐예요?

선생님   바로 매년 5월 달력은 그 다음 해 1월 달력과 똑같다는 규칙이지.

학생   잘 모르겠어요. 방금 설명해 주신 곱셈의 성질과 달력 사이에 무슨 관계가 있나요?

2025년 5월 달력

일	월	화	수	목	금	토
				1	2	3
4	5 부처님 오신날 어린이날	6 대체 휴일	7	8	9	10
11	12	13	14	15	16	17
18	19	20	21	22	23	24
25	26	27	29	29	30	31

2026년 1월 달력

일	월	화	수	목	금	토
				1 신정	2	3
4	5	6	7	8	9	10
11	12	13	14	15	16	17
18	19	20	21	22	23	24
25	26	27	29	29	30	31

선생님 그럼! 다음 해 1월 1일은 5월 1일로부터 정확히 245일 뒤이고, 245는 7로 나눈 나머지가 0인 수이기 때문이란다.

학생 한 번 확인해 봐야겠어요.

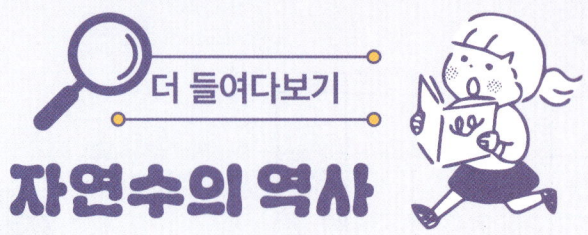

더 들여다보기
자연수의 역사

자연수를 표현하는 가장 원시적인 방법은 각 사물의 개수를 헤아릴 때 한 개, 두 개, 세 개 등으로 나타내는 것이다. 고대 이집트 사람들은 1, 10, 100 등을 기본으로 하는 수 체계를 만들었다. 현재 파리의 루브르 박물관에는 고대 이집트 인들이 276을 자릿수로 구분하여 묘사한 돌조각이 전시되어 있다.

0은 처음부터 수로 생각되지는 않았다. 그저 자릿수 표기법에서 빈자리를 나타내는 기호로 사용되었을 뿐이었다. 예를 들어 101에서 0은 십의 자리가 비어 있음을 나타낸다. 고대 바빌

로니아 사람들은 빈 자리를 나타내기 위해 다음과 같은 기호를 사용했다.

이렇게 기호로만 쓰이던 0을 처음 수로 생각한 사람은 인도의 브라마굽타이다. 그는 최초로 0을 수로 생각하고 0과 다른 자연수들의 덧셈, 뺄셈, 곱셈, 나눗셈에 대한 규칙을 만들었다.

최근에는 일부 수학자들이 0을 자연수에 포함시켜 자연수를 0부터 시작하는 수로 정의하자고 주장하기도 했다.

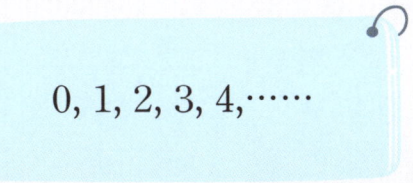

0, 1, 2, 3, 4,……

하지만 많은 수학자들이 자연수의 정의에서 0을 추가할 필요가 없다고 생각한다. 그래서 여전히 자연수 중 제일 작은 수는 1로 정의되어 있다.

· 파스칼의 삼각형 ·

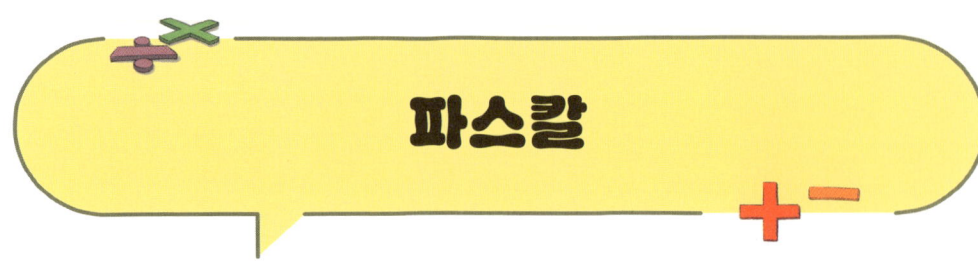

선생님   오일러의 『대수학 원론』에는 파스칼의 삼각형에 대한 이야기가 나와.

학생   선생님, 파스칼이 누구예요? 이름은 많이 들어본 것 같은데…….

선생님   아차, 그 이야기부터 해야겠구나! 파스칼은 어린 나이부터 천재적인 재능을 보인 수학자였단다.

파스칼은 1623년 프랑스 오베르뉴 지역에 있는 클레르몽페랑에서 태어났어. 파스칼의 아버지는 과학과 수학

에 관심이 많은 판사였어.

1631년에 파스칼의 가족은 파리로 이사했어. 아들의 수학적인 재능을 알아본 아버지는 파스칼을 학교에 보내지 않고 집에서 직접 가르쳤어. 어린 파스칼은 수학은 물론 과학에도 놀라운 재능을 보였지.

12세 때 파스칼은 기하학을 배우지 않은 상태에서 삼각형의 내각의 합이 180도라는 것을 스스로 증명했다고 해. 그러자 파스칼의 아버지는 파스칼에게 유클리드의 『기하학 원론』이라는 책을 사 주었고, 이때부터 파스칼은 『기하학 원론』을 독학으로 공부했지.

학생 책 이름만 들어도 어려워 보이는데 혼자 공부했다고요?

선생님 여기서 놀라긴 일러! 파스칼이 앞서 말한 파스칼의 삼각형을 발견했을 때, 그는 고작 13세이었다고 해. 14세 때는 프랑스 수학자 단체(지금의 프랑스 학술원)에서 매주 열었던 정기 회동에 참가하기도 했지.

학생 수학 실력으로 어른들과 어깨를 나란히 했다니, 믿기지 않아요.

선생님 맞아. 정말 놀랍지? 그리고 심지어 파스칼은 16세 때 원뿔 단면을 연구한 논문 『원추곡선론(Essai pour les coniques)』을 썼어. 논문을 어찌나 잘 썼던지, 데카르트는 이 논문을 읽고는 16세의 파스칼이 이렇게 훌륭한 논문을 쓸 수 있을 리 없다고 말했대. 파스칼의 아버지가 논문을 써서 아들의 이름으로 대신 발표했다고 생각한 거야. 하지만 수학자 메르센느에 의해 16세의 파스칼이 아버지의 도움 없이 직접 연구하여 논문을 썼다는 사실이 알려지게 되었지. 어린 파스칼은 단숨에 프랑스 수학계의 주목을 받기 시작했어.

1642년 파스칼은 세무 감독관으로 일하며 수많은 세금

을 일일이 손으로 계산하느라 고생하는 아버지를 위해서 톱니바퀴를 이용한 최초의 기계식 계산기를 만들기도 했지.

학생 우아, 어렸을 때 수학 논문을 쓰고 최초로 계산기까지 만들었다니……. 천재 중의 천재였네요!

선생님 그렇지? 아쉽게도 파스칼은 39세에 일찍 세상을 떠나고 말았지만 그의 업적은 아직도 남아 있단다.

재미있는 곱셈 법칙

학생   그럼 이제 파스칼의 삼각형에 대해 알려 주시는 건가요?

선생님   그 전에 잠깐, 요즘 계산 연습은 열심히 하고 있니?

학생   물론이죠! 덧셈 뺄셈 문제는 기본이고 요즘에는 두 자릿수 곱셈도 연습하고 있어요.

선생님   마침 잘됐구나! 오일러의 『대수학 원론』에 나오는 재미있는 곱셈 법칙을 소개해 주려고 했거든.

자, 이 식을 계산해 볼래?

$$(5+7) \times (5+7)$$

학생 흠, 5+7=12이니까 이렇게 계산할 수 있어요!

$$(5+7) \times (5+7) = 12 \times 12 = 144$$

선생님 이야, 정말 연습을 열심히 했구나!

이제 우리는 교환 법칙, 결합 법칙, 분배 법칙을 이용해서 이 식을 다르게 써 볼 거야.

$$(5+7) \times (5+7)$$
$$= 12 \times (5+7)$$
$$= 12 \times 5 + 12 \times 7$$

여기서 12의 자리에 5+7을 넣으면 이렇게 쓸 수 있어.

$$(5+7)\times(5+7)$$
$$=(5+7)\times 5+(5+7)\times 7$$
$$=5\times 5+7\times 5+5\times 7+7\times 7$$

학생 으아, 눈이 핑핑 돌아가는 것 같아요. 더 간단하게 정리할 수는 없을까요?

선생님 물론 정리할 수 있지!

곱셈의 교환 법칙을 이용하면 간단하단다. 마지막 식을 잘 살펴보렴. 똑같은 식이 두 개 보이지?

학생 알았다! 7 곱하기 5와 5 곱하기 7 말씀이시죠?

$$7\times 5=5\times 7$$

선생님 맞았어. 그러니까 이 식을 다시 정리하면 이렇게 쓸 수 있지.

$$(5+7) \times (5+7)$$
$$= 5 \times 5 + 2 \times (5 \times 7) + 7 \times 7$$

학생 확인해 볼게요. 두 식이 똑같다면 답도 똑같이 나오겠죠?

$$5 \times 5 + 2 \times (5 \times 7) + 7 \times 7$$
$$= 25 + 70 + 49$$
$$= 144$$

선생님 같은 결과가 나오지? 이처럼 어떤 두 수 □와 △ 사이에는 다음과 같은 법칙이 성립해.

$$(□ + △) \times (□ + △)$$
$$= □ \times □ + 2 \times □ \times △ + △ \times △$$

학생 □와 △에 어떤 수를 넣든 성립한다는 거죠?

선생님 맞아. 이것을 그림으로 설명할 수도 있어. 다음 그림을 봐.

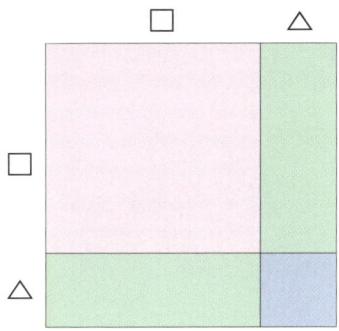

이 정사각형은 한 변의 길이가 □+△야. 그러니 이 정사각형의 넓이는 이렇게 표현할 수 있어.

$$(□+△) \times (□+△)$$

그런데 이 정사각형은 다음과 같이 네 개의 직사각형으로 분리할 수 있지.

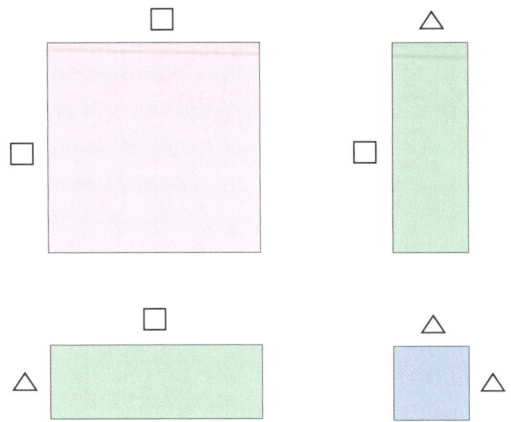

빨간 사각형은 한 변의 길이가 □인 정사각형이야. 따라서 빨간 사각형의 넓이는 이렇게 나타낼 수 있어.

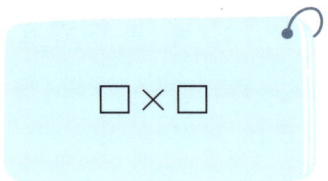

그리고 파란 사각형은 한 변의 길이가 △이니, 파란 사각형의 넓이는 이렇게 표현할 수 있지.

자, 그럼 녹색 사각형의 넓이는 어떻게 표현해야 할까?

학생 한 변의 길이가 □이고 다른 변의 길이가 △인 사각형이니까 이렇게 나타낼 수 있겠네요!

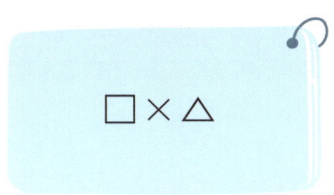

선생님 맞았어. 그럼 마지막 문제!

지금까지 구한 사각형들의 넓이를 이용해서 전체 사각형의 넓이를 나타내 보렴. 차근차근 정리만 하면 돼.

학생 알았어요! 그림을 보면 전체 사각형의 넓이는 빨간 사각형과 파란 사각형 그리고 녹색 사각형의 넓이를 더한 것과 같아요.

선생님 잘 생각해 보렴. 세 개만 더하면 될까?

학생 아차, 녹색 사각형은 두 개니까 한 개의 넓이에 2를 곱해서 더해야겠네요! 그러면 한 변의 길이가 □+△인 사각형의 전체 넓이는 이렇게 정리할 수 있겠어요.

$$(□+△)×(□+△)$$
$$=(빨간 사각형의 넓이)+(녹색 사각형의 넓이)×2$$
$$+(파란 사각형의 넓이)$$
$$=□×□+2×□×△+△×△$$

선생님 아주 잘했어. 멋지게 해냈구나!

학생 헤헤, 그림으로 증명하니까 더 쉬웠어요.
그런데 이 공식은 왜 필요한 거예요?

선생님 이 공식을 이용하면 같은 수끼리의 곱셈을 빨리 계산할 수 있거든.
예를 들어 57과 57의 곱을 계산한다고 치자. 그럼 57을 50과 7로 나누어서 이 공식의 □에 50, △에는 7을 넣기만 하면 돼.

$$57 \times 57$$
$$=(50+7)\times(50+7)$$
$$=50\times50+2\times50\times7+7\times7$$
$$=2500+700+49$$
$$=3249$$

학생 우아, 엄청 간단한 곱셈만 했는데도 답이 나오네요!

선생님 그렇지? 이 공식을 이용하면 이런 계산도 무척 빠르게 할 수 있어.

$$11\times11$$
$$=(10+1)\times(10+1)$$
$$=10\times10+2\times10\times1+1\times1$$
$$=121$$

학생 저도 해 볼래요!

흠, 13 곱하기 13을 계산해 볼까? 13은 10＋3이니까, 이렇게 계산하면 되겠네요.

$$13 \times 13$$
$$=10 \times 10 + 2 \times 10 \times 3 + 3 \times 3$$
$$=169$$

선생님 맞아. 이 공식을 이용하면 같은 수끼리의 곱셈 문제는 암산으로도 풀 수 있지.

이번에는 이런 식을 간단하게 푸는 법을 알아보자.

$$(□＋△) \times (□－△)$$

우선 오일러는 『대수학 원론』에서 이 식을 푸는 방법을 다음과 같이 설명하고 있어.

Now, we may substitute for a and b any numbers whatever; so that the above example will furnish the following theorem; viz. The sum of two numbers, multiplied by their difference, is equal to the difference of the squares of those numbers: which theorem may be expressed thus:

$$(a+b) \times (a-b) = a^2 - b^2$$

And from this another theorem may be derived; namely, The difference of two square numbers is always a product, and divisible both by the sum and by the difference of the roots of those two squares; consequently, the difference of two squares can never be a prime number.

학생   으아, 어려울 것 같아요. 이 계산도 그림으로 쉽게 설명할 수 있어요?

선생님   물론이야. 이 그림을 보렴.

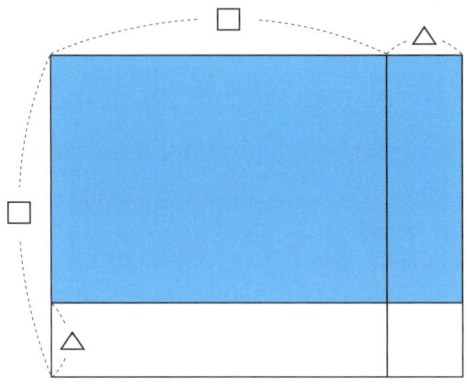

위 그림에서 파란색 직사각형의 넓이를 구할 수 있겠니?

학생 우선 가로의 길이는 □+△이고 세로의 길이는 □에서 △을 뺀 □−△로 나타낼 수 있어요.

따라서 파란색 직사각형의 넓이는 이렇게 나타낼 수 있지요.

$$(□+△)×(□−△)$$

선생님 그래. 그리고 이 파란색 직사각형을 아까처럼 나눠 보면 이런 모양이 되지.

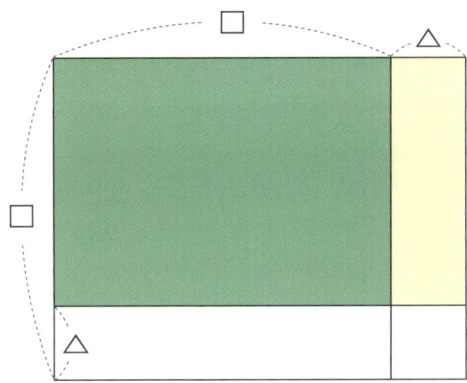

즉 파란색 사각형의 넓이는 초록색 사각형, 노란색 사각형의 넓이의 합과 같아. 여기까지 잘 알겠지?

학생 네! 그림으로 보니까 쉬워요.

선생님 좋아. 그럼 이번에는 이 그림을 보렴.

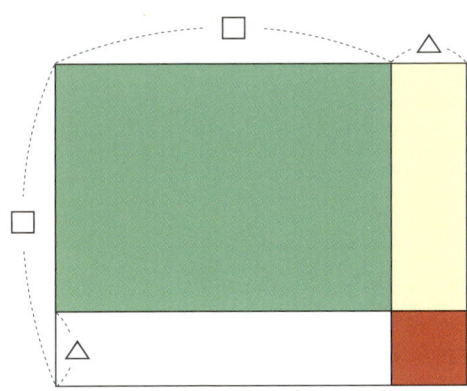

여기에서 빨간색 사각형은 한 변의 길이가 △인 정사각형이야. 그렇다면 위 그림에서 색칠한 사각형의 넓이 합은 처음의 파란색 직사각형의 넓이보다 △×△만큼 크다고 할 수 있어.

학생   아, 그렇네요! 초록색 직사각형과 노란색 직사각형의 넓이를 합하면 파란색 직사각형의 넓이니까요.

선생님   그래. 그럼 이번에는 위의 사각형에서 하늘색과 빨간색 사각형 부분을 똑같이 분홍색으로 칠한 뒤, 이 부분의 넓이를 구해 보렴.

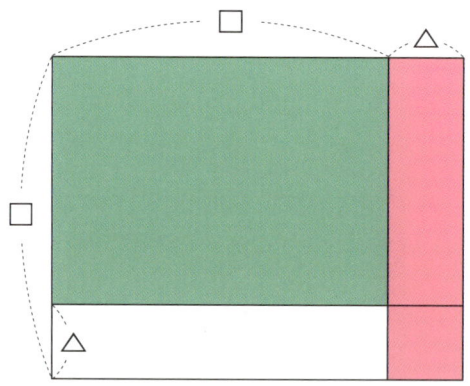

학생   간단하네요! 세로가 □이고 가로가 △이니까 분홍색 직사각형의 넓이는 □×△이에요.

선생님 맞아. 그런데 여기에 신기한 점이 있어.

색칠되지 않은 직사각형은 세로가 △, 가로가 □라서 분홍색 직사각형과 넓이가 똑같아.

학생 아, 정말 그러네요!

선생님 자, 여기서 조금 집중해야 해.

그럼 보라색으로 색칠한 사각형의 넓이와 처음에 우리가 보았던 파란색 직사각형의 넓이를 비교했을 때, 어느 것이 얼마만큼 클까?

학생 잠깐만요, 생각 좀 해 볼게요.

아, 알았다!

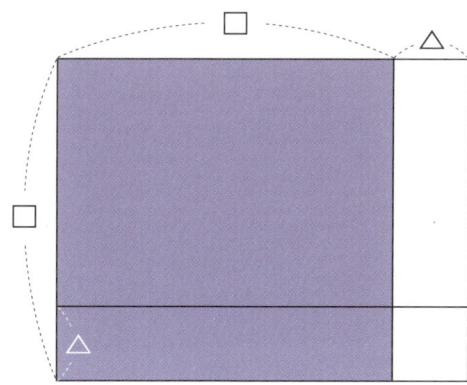

> (보라색 사각형)
> =(연두색 사각형)+(분홍색 사각형)
> =(파란색 직사각형)+(빨간색 사각형)
> =(파란색 직사각형)+△×△

보라색 사각형이 파란색 직사각형보다 △×△만큼 큰 거 맞죠?

선생님 헷갈렸을 텐데, 침착하게 잘 풀었구나!

그런데 보라색 사각형을 잘 보면 한 변의 길이가 □인 정사각형이야.

따라서 보라색 사각형의 넓이는 다음과 같아.

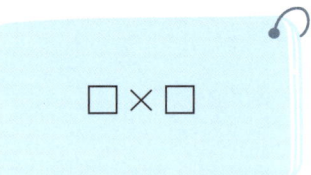

보라색으로 색칠한 사각형의 넓이는 파란색 직사각형의 넓이보다 △×△만큼 크기에 이런 식이 성립하지.

> (보라색 정사각형 넓이)=(파란색 직사각형 넓이)+△×△

이 식을 변형해서 파란색 직사각형의 넓이도 나타낼 수 있어.

> (파란색 직사각형 넓이)=(보라색 정사각형 넓이)-△×△

자, 이 마지막 식을 □와 △ 기호를 사용해 다시 쓸 수 있겠니?

학생 물론이죠. 파란색 직사각형의 넓이와 보라색 직사각형의 넓이를 앞에서 이미 다 구해 뒀으니까요!

> (□+△)×(□-△)=□×□-△×△

이렇게 하면 되죠?

선생님 잘했어! 방금 네가 만든 공식도 계산을 빠르게 하는 데 도움을 준단다.

학생 정말요? 이번에는 어떤 계산이에요?

선생님 2씩 차이 나는 수끼리의 곱셈이야. 예를 들어 101 곱하기 99 같은 계산 말이야.

학생 헉, 세 자릿수의 곱셈은 빠르게 하기 어렵지 않아요?

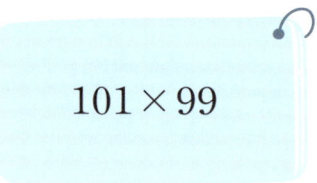

선생님 꼭 그렇지만도 않아.

여기에서 101은 100 더하기 1, 99는 100 빼기 1로 나타낼 수 있지?

그럼 이제 네가 아까 만든 공식에 100과 1을 대입해서 계산하기만 하면 돼.

학생 한번 해 볼게요. □에 100을 넣고, △에 1을 넣어 계산하면 되죠?

> $(□+△)×(□-△)$
> $=□×□-△×△$
> $(100+1)×(100-1)$
> $=100×100-1×1$
> $=10000-1$
> $=9999$

다 풀었어요! 이번 계산은 아까보다 더 쉬운 것 같은데요?

선생님 공식의 힘이 대단하지?

이번에 배운 두 개의 공식을 잘 기억해 두렴.

복잡해 보이는 계산도 지금처럼 빠르게 해낼 수 있을 거야.

파스칼의 삼각형

선생님 자, 준비는 다 됐어!

곱셈 법칙도 배웠으니 이제 드디어 파스칼의 삼각형에 대해 이야기할 수 있겠구나.

학생 기대돼요. 얼른 설명해 주세요!

선생님 하하, 그래. 먼저 다음 식을 보렴.

10 더하기 1을 두 번 곱한 식이야.

$$(10+1) \times (10+1) = 10 \times 10 + 2 \times 10 \times 1 + 1 \times 1$$

어떤 수와 1을 곱한 값은 그 수 자신이니까 이 식은 이렇게도 정리할 수 있단다.

$$(10+1) \times (10+1) = 10 \times 10 + 2 \times 10 + 1$$

학생 음, 여기까진 쉽네요!

선생님 그렇지?

이번에는 10 더하기 1을 세 번 곱한 식을 계산해 볼 거야.

$$(10+1) \times (10+1) \times (10+1)$$

곱셈은 결합 법칙이 성립하니까, 뒤의 두 식을 묶어도 답은 똑같이 나와. 따라서 이 법칙을 이용해 식을 더 간단하게 정리해 볼 거야.

$$(10+1) \times (10+1) \times (10+1)$$
$$= (10+1) \times \{(10+1) \times (10+1)\}$$

여기에서 {(10＋1)×(10＋1)}을 ㉠으로 놓는다면 다음과 같이 정리할 수 있지.

$$=(10+1)\times ㉠ \cdots (가)$$

학생 와, 순식간에 식이 간단해졌어요.

선생님 이제 식 (가)를 계산해 보자. 여기에서는 분배 법칙을 써서 계산할 수 있어.

$$(10+1)\times(10+1)\times(10+1)$$
$$=10\times㉠+1\times㉠$$
$$=10\times㉠+㉠ \cdots (나)$$

그리고 앞에서 ㉠으로 두었던 (10＋1)×(10＋1)을 풀어서 계산한 뒤, 식 (나)에 넣어 줄 거야. 먼저 ㉠부터 계산해 보자.

$$\begin{aligned}\text{㉠}&=(10+1)\times(10+1)\\&=10\times10+2\times10+1\end{aligned}$$

이렇게 나온 값을 식 (나)에 넣으면 이렇게 돼.

$$\begin{aligned}&10\times\text{㉠}+\text{㉠}\\&=(10+1)\times(10+1)\times(10+1)\\&=10\times(10\times10+2\times10+1)+10\times10+2\times10+1\end{aligned}$$

여기에서 다시 분배 법칙을 사용하여 괄호를 풀어 계산해 주면 이런 식이 나온단다.

$$\begin{aligned}&(10+1)\times(10+1)\times(10+1)\\&=10\times10\times10+2\times10\times10+10+10\times10+2\times10+1\end{aligned}$$

학생 식이 엄청나게 길어졌어요.

선생님 걱정 마. 이제 차근차근 계산하고 정리하기만 하면 끝나거든.

$$(10+1) \times (10+1) \times (10+1)$$
$$= 10 \times 10 \times 10 + 2 \times 10 \times 10 + 10$$
$$+ 10 \times 10 + 2 \times 10 + 1$$
$$= 1000 + 2 \times 100 + 10 + 100 + 20 + 1$$
$$= 1000 + 3 \times 100 + 3 \times 10 + 1$$

학생 앗, 왠지 반복되는 숫자가 보이는 것 같아요!

선생님 오호, 눈치 챘니? 이 규칙을 이용하면 몇 번을 곱하든 쉽게 풀 수 있어.

$$(10+1) \times (10+1) \times (10+1) \times (10+1)$$
$$(10+1) \times (10+1) \times (10+1) \times (10+1) \times (10+1)$$

식이 길어져도 계산할 수 있어. 이 계산을 한 단계씩 해 보는 것은 숙제로 할게. 그 결과를 모두 써 보면 다음과 같아.

$10+1 = 1\times 10 + 1\times 1$

$(10+1)\times(10+1) = 1\times 100 + 2\times 10 + 1\times 1$

$(10+1)\times(10+1)\times(10+1)$
$= 1\times 1000 + 3\times 100 + 3\times 10 + 1\times 1$

$(10+1)\times(10+1)\times(10+1)\times(10+1)$
$= 1\times 10000 + 4\times 1000 + 6\times 100 + 4\times 10 + 1\times 1$

$(10+1)\times(10+1)\times(10+1)\times(10+1)\times(10+1)$
$= 1\times 100000 + 5\times 10000 + 10\times 1000 + 10\times 100$
$\quad + 5\times 10 + 1\times 1$

학생 빨간색 수는 뭐죠?

선생님 이 수들만 쓰면 다음 그림과 같아.

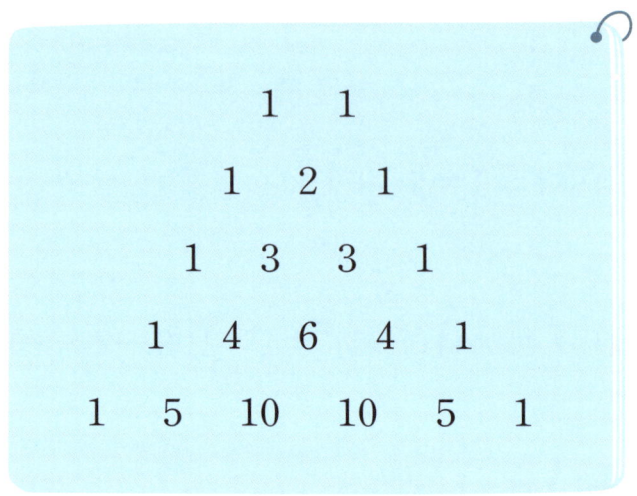

이 그림에서 다음과 같이 화살표를 그려봐.

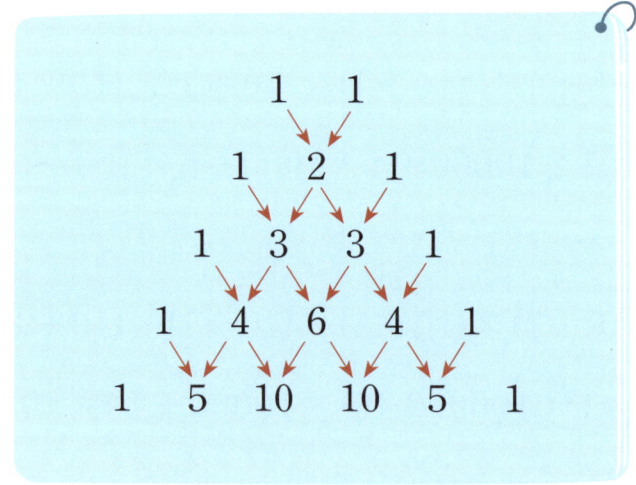

이때 화살표 ↘와 ↙에 따라 위쪽 두 수가 합쳐져서 하나의 수가 돼. 예를 들어 둘째 줄의 2는 1과 1을 더한 값이고, 셋째 줄의 3은 둘째 줄의 1과 2를 더한 값이지.
이 관계는 파스칼에 의해 처음 소개되었어. 그래서 이렇게 삼각형으로 나열된 수를 파스칼 삼각형이라고 불러.

선생님 오일러의 책에는 파스칼의 삼각형에 대해 자세히 나와 있어. 하지만 그 내용은 고등학생이 되어야 이해할 수 있어. 그래도 원문을 소개해 줄게.

It remains therefore to shew how we are to determine the coefficients, which belong to those terms, or the numbers by which they are to be multiplied. Now, with respect to the first term, its coefficient tis always unity ; and, as to the second, its coefficient is constantly the exponent of the power. With regard to the other terms, it is not so easy to observe any order in their coefficients ; but, if we continue those coefficients, we shall not fail to discover the law by which they are formed ; as will appear from the following Table :

학생 선생님! 제가 각 줄의 수 사이에서 재미있는 관계를 찾아냈어요.

첫째 줄의 합에 2를 곱하면 둘째 줄의 합이 되고, 둘째 줄의 합에 다시 2를 곱하면 셋째 줄의 합이 돼요!

$$1+1=2$$
$$1+2+1=4=2\times 2$$
$$1+3+3+1=8=2\times 2\times 2$$
$$1+4+6+4+1=16=2\times 2\times 2\times 2$$
$$1+5+10+10+5+1=32=2\times 2\times 2\times 2\times 2$$

선생님 정말 좋은 발견이야. 이렇게 새로운 규칙을 찾아내는 것이 수학 연구의 시작이지.

자, 이번에는 넷째 줄을 보렴.

$$1\quad 4\quad 6\quad 4\quad 1$$

여기에도 규칙이 숨어 있단다!

첫 번째 수 = 1

두 번째 수 = $\dfrac{4}{1}$

세 번째 수 = $\dfrac{4}{1} \times \dfrac{3}{2}$

네 번째 수 = $\dfrac{4}{1} \times \dfrac{3}{2} \times \dfrac{2}{3}$

다섯 번째 수 = $\dfrac{4}{1} \times \dfrac{3}{2} \times \dfrac{2}{3} \times \dfrac{1}{4}$

학생 규칙이 없는 것 같았는데, 정말 신기해요! 이것 말고도 또 다른 규칙이 있나요?

선생님 물론이야. 파스칼의 삼각형을 좀 더 살펴보면 또 다른 규칙을 쉽게 찾을 수 있단다.

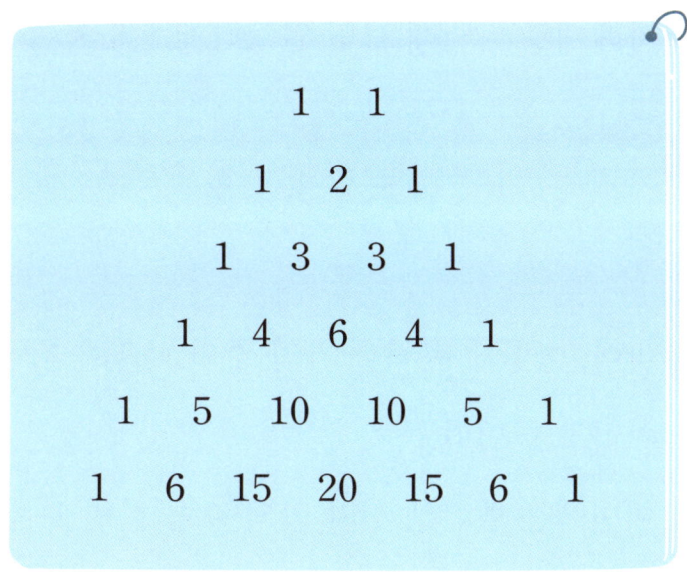

학생 다시 보니 각 줄에서 맨 처음 수와 맨 마지막 수는 항상 1이네요!

선생님 맞아. 이번에는 아래 파란색 상자 안의 수들을 봐.

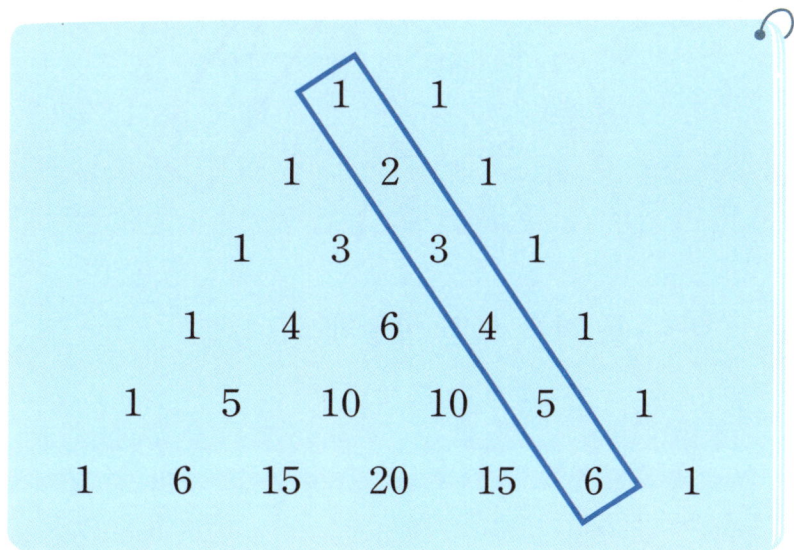

학생   차례대로 나열해 보면 일정하게 1씩 차이 나는 수네요.

> 1, 2, 3, 4, 5, 6, ……

선생님   맞아. 이렇게 규칙을 가진 수의 나열을 다른 말로 '수열'이라고 한단다.

이번에는 빨간색 상자 안의 수를 한번 보렴.

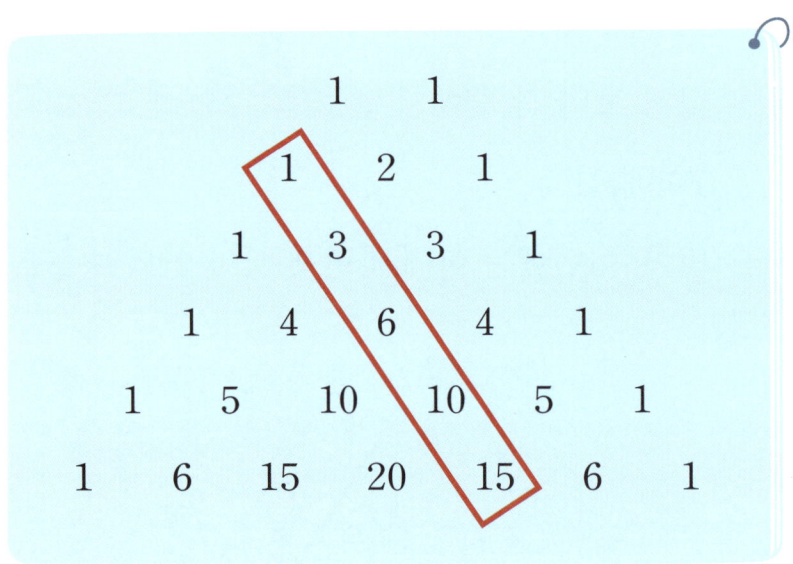

학생   이 수를 적어 보면 이렇게 되네요.

$$1, 3, 6, 10, 15, \cdots\cdots$$

여기에는 규칙이 없어 보이는데요?

선생님 과연 그럴까?

나란히 붙어 있는 두 수의 차를 계산해서 적어 보면 생각이 달라질 거야.

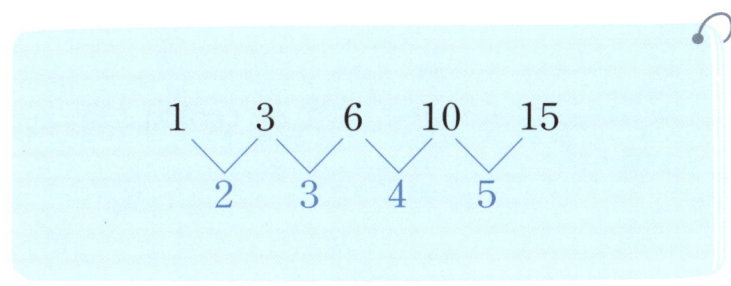

학생 앗, 이번에는 그 차이가 일정하게 1씩 나요!

선생님 맞아. 그래서 빨간색 상자 안의 수는 차이가 일정한 수열이 돼.

파스칼의 삼각형에서 이런 식으로 수를 묶으면 또 다른 규칙을 찾을 수 있어.

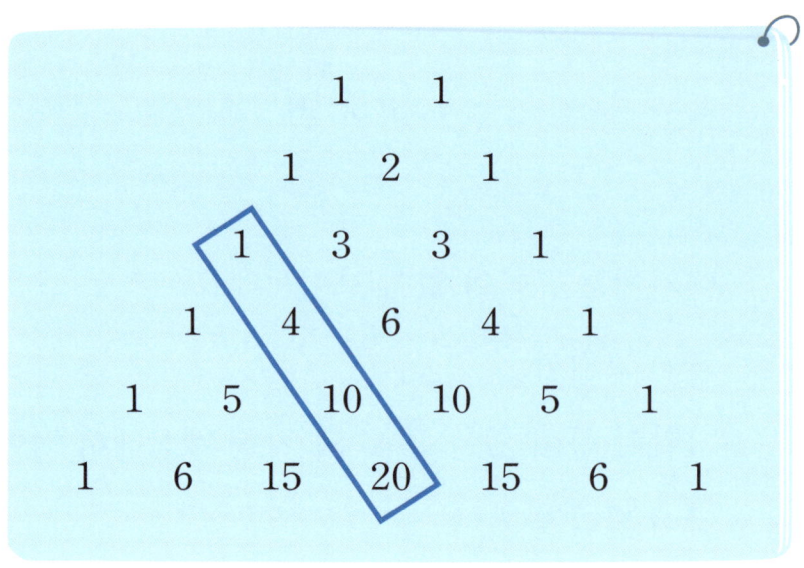

학생 음, 이 수열이야말로 규칙이 보이지 않는데요?

$$1, 4, 10, 20, \cdots\cdots$$

수 사이의 차이가 일정하지도 않고, 이웃한 수의 차이를 적어 봐도 3, 6, 10,……이라 규칙이 드러나지 않아요.

선생님 상자 안의 수는 20으로 끝났지만, 그다음 수까지 구해 보면 규칙을 알 수 있단다.

우선 20 다음에 올 수는 20에 15를 더한 35야. 그러니 박스 안의 수 들을 다시 써 보면 이렇게 되지.

1, 4, 10, 20, 35,……

학생 그래도 여전히 규칙을 모르겠어요. 이웃한 수의 차이가 3, 6, 10, 15인 걸요.

선생님 잠깐, 거의 다 왔어.

이제 그렇게 나열한 수열에서 한번 더 이웃한 수의 차이를 적어 볼래? 이렇게 말이야.

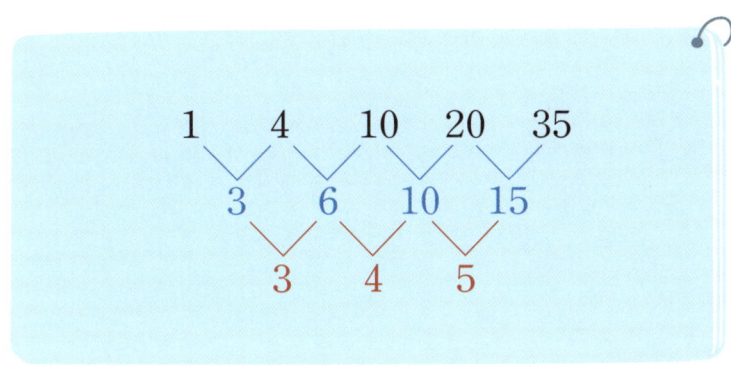

학생 헉, 이웃한 두 수의 차이가 만드는 수열에서 다시 두 수의 차이를 나열해 보니까 차가 일정한 수열이 됐네요?

> 3, 4, 5,……

파스칼의 삼각형에는 정말 재미있는 성질들이 많군요!

선생님 맞아. 꼭 어린 파스칼이 숫자로 만든 장난감 같지?

동양에서 먼저 발견한 '파스칼의 삼각형'

파스칼의 삼각형에 나타나는 수의 나열은 파스칼이 정리하기 훨씬 전부터 알려져 있었다고 한다.

페르시아의 수학자 알카라지(Al-Karaji, 953~1029)는 파스칼의 삼각형에 등장하는 수들을 처음으로 찾아냈다고 전해진다. 하지만 그의 책이 분실되어 그가 정확히 언제 파스칼의 삼각형을 발견했는지는 알려져 있지 않다. 다만 그가 10세기 중반부터 11세기 초까지 살았으므로 파스칼보다 훨씬 전에 관련 연구를 했던 것으로 추정된다.

알카라지가 죽은 후 페르시아 수학자 오마르 하이얌(Omar Khayyám, 1048~1131)은 알카라지가 발견한 파스칼의 삼각형의 수들을 발견해 발표했다. 이로 인해 이란에서는 현재까지도 파스칼의 삼각형이 아니라 하이얌의 삼각형으로 불린다.

동양에서는 중국의 수학자들이 파스칼보다 먼저 파스칼의 삼각형을 발견했다.

잠시 중국의 수학 역사를 살펴보자.

중국의 역사는 기원전 1600년경에 세워진 상나라로부터 시작된다. 상나라는 기원전 1600년경부터 기원전 1046년경까지 존재한 고대 왕조이다. 상나라의 수도가 은이기 때문에 은나라로 부르기도 한다.

주나라는 상나라를 이은 두 번째 왕조이다. 주나라는 기원전 1046년부터 기원전 256년까지 790년간 존속한 나라로 중국에서 가장 오랜 기간 이어진 나라이다.

중국이 언제부터 수학에 관한 연구를 시작했는지는 정확히 알 수 없다. 하지만 중국의 수학 고전 중 가장 오래된 책인 『주비산경』에는 수학과 천문학에 대한 내용이 기록되어 있다.

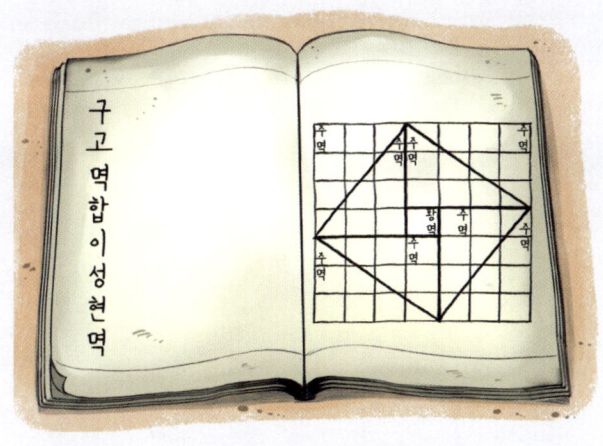

여기서 주는 주나라를 뜻하고 비는 해시계의 바늘을 뜻한다. 주비산경이 언제 쓰인 책인지는 정확히 알려져 있지 않지만, 학자들은 이 책이 기원전 300년경에 쓰였을 것으로 추측하고 있다. 주비산경에는 천문과 역법 및 기하학에 대한 내용이 들어 있는데, 그중 가장 대표적인 것은 피타고라스 정리이다.

이렇게 오랜 역사를 갖고 있는 중국이니 파스칼의 삼각형을 파스칼보다 먼저 발견한 것은 어쩌면 당연할지도 모른다. 중국의 수학자 가헌(Jia Xian, 1010~1070)은 11세기에 파스칼의 삼각형을 처음으로 책에 소개했다.

· 비가 일정한 수열 ·

비, 비율과 비례식

선생님 오일러의 『대수학 원론』에서는 비가 일정한 수열에 대해 다루고 있어. 그 내용을 알려면 먼저 비에 대해 알아야겠지?

학생 파스칼의 삼각형을 공부하면서 차가 일정한 수열은 많이 봤는데, 비는 또 다른 거예요?

선생님 맞아. 오일러의 설명에 따르면, 비는 '기준이 되는 수가 다른 수의 몇 배인가?'라는 질문에서 생겨나.

> The *Geometrical ratio* of two numbers is found by resolving the question, *How many is one of those numbers greater than the other?* This is done by dividing the one by the other; and the quotient will express the ratio required.

이제 오일러의 설명에 따라 비를 만들어 보자.

예를 들어 교실에 남학생이 10명, 여학생이 5명 있다고 하자. 이때 남학생 수와 여학생 수를 비교해서 이렇게 나타낼 수 있어.

$$10:5$$

이를 '십 대 오'라고 읽고, 여학생 수에 대한 남학생 수의 비 또는 남학생 수의 여학생 수에 대한 비라고 말해. 오일러의 『대수학 원론』의 정의에 따르면 대(:) 앞에 있는 수를 전항, 뒤에 있는 수를 후항이라고 부르지.

> We have here three things to consider; 1st, the first of the two given numbers, which is called the antecedent; 2dly, the other number, which is called the consequent; 3dly, the ratio of the two numbers, or the quotient arising from the division of the antecedent by the consequent. ……
> 442. It is usual to represent geometrical relation by two points, placed on above the other, between the antecedent and the consequent. Thus, a : b means the geometrical relation of these two numbers, or the ratio of a to b.
> We have already remarked that this sign is employed to represent division, and for this reason we make use of it here; because, in order to know the ratio, we must divide a by b; the relation expressed by this sign being read simply, a is to b.

이제 남학생 두 명과 여학생 한 명씩으로 이루어진 소모둠을 만든다고 생각해 보자.

학생 그러면 소모둠은 5개가 생기네요.

선생님   맞아. 그리고 각 소모둠에서 남학생과 여학생의 비는 얼마일까?

학생   남학생이 두 명이고 여학생이 한 명이니까 2 대 1이에요.

선생님   맞아. 이 비는 전항과 후항을 같은 수로 나누거나 곱해도 달라지지 않아.

10 대 5의 전항과 후항을 똑같이 5로 나누어도 비 자체는 달라지지 않지.

$$10:5=2:1$$

학생　학생들을 다섯 개의 소모둠으로 나눈다고 해서 남학생이 한 명 줄어들거나, 여학생이 한 명 늘어나지 않는 것처럼 말이지요?

선생님 재미있는 비유구나! 그래, 맞아.

그러니 비를 가장 간단하게 만들고 싶다면 전항과 후항을 두 수의 최대 공약수로 나누어 주면 돼.

예시로 이 비를 정리해 볼게. 24와 6의 최대 공약수는 6이야. 그러니 전항과 후항을 6으로 나누어 주면 돼. 이렇게 하면 비가 훨씬 간단해지지.

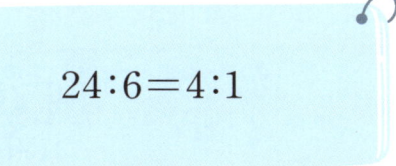

학생 비를 간단하게 만드니까 전항이 후항보다 얼마나 큰지 더 잘 이해되는 것 같아요.

선생님 그래, 바로 그게 장점이란다.

이제 비율에 대해 알려 줄게. 먼저 오일러가 비율에 대해 설명한 원문을 보자.

> Relation therefore is expressed by a fraction, whose numerator is the antecedent, and whose denominator is the consequent; but perspicuity requires that this fraction should be always reduced to its lowest terms: which is done, as we have already shewn, by dividing both the numerator and denominator by their greates common divisor. ……

비율의 정의는 다음과 같아. 기준량에 대해 비교하는 양의 크기를 나타내는 값이지.

$$(비율) = \frac{(비교하는\ 양)}{(기준량)}$$

비율은 비의 값이라고 부르기도 해.

학생 선생님, 그럼 아까 말씀하신 남학생과 여학생의 비를 비율로 나타낼 수도 있나요?

선생님 그럼, 물론이지! 남학생 수와 여학생 수 중 어떤 것을 기준량으로 삼고, 어떤 것을 비교하는 양으로 정할지 결정하기만 하면 된단다.

그러니 남학생이 10명, 여학생이 5명 있을 경우 남학생 수를 기준량으로, 여학생 수를 비교하는 양으로 하면 남학생 수에 대한 여학생 수의 비율은 이렇게 나타낼 수 있어.

$$\frac{5}{10} = 0.5$$

학생 그럼 반대로 여학생 수에 대한 남학생 수의 비율은 이렇게 나타낼 수 있겠네요?

$$\frac{10}{5} = 2$$

선생님 척 하면 착이구나! 맞아, 잘 나타냈어. 비율에 대해서도 잘 이해한 것 같으니, 이번에는 비례식에 대해 알아보자꾸나.

비례식이란 2:3=4:6 과 같이 두 비를 등식으로 나타낸 것을 말해. 아까 비에서 앞에 있는 항과 뒤에 있는 항을 각각 뭐라고 불렀지?

학생 전항과 후항이요!

선생님 맞아. 앞을 뜻하는 '전(前)' 자와 뒤를 뜻하는 '후(後)' 자를 써서 그렇게 말했지.

비례식에서는 안쪽에 있는 두 수 3과 4를 내항이라고 하고, 바깥쪽에 있는 두 수 2와 6을 외항이라고 불러.

학생 안을 뜻하는 '내(內)' 자와 밖을 뜻하는 '외(外)' 자를 쓴 거군요!

선생님 정확해! 그럼 다시 비례식으로 돌아가 볼까?

$$2:3=4:6$$

이 비례식에서 내항끼리의 곱은 3과 4를 곱한 12이고,

외항끼리의 곱은 2와 6을 곱한 12가 돼.

학생 앗, 내항끼리의 곱과 외항끼리의 곱 결과가 같네요! 우연인가요?

선생님 아니야. 재미있게도 비례식에서 내항의 곱과 외항의 곱은 항상 같단다. 이번엔 다른 규칙을 찾아 볼까?

$$2:3=4:6$$

등호의 왼쪽에 있는 비의 전항과 후항을 더하면 얼마가 되니?

학생 2 더하기 3이니까, 5예요!

선생님 그럼 등호의 오른쪽에 있는 비의 전항과 후항을 더한 값은?

학생 4에 6을 더해서 10이 나와요.

선생님 이때 다음 비례식이 성립해.

$$2:(2+3)=4:(4+6)$$
$$(2+3):3=(4+6):6$$

학생   이 성질은 처음 봐요!

그런데 선생님, 궁금한 점이 있어요. 비례식은 꼭 필요한 건가요? 어차피 왼쪽과 오른쪽의 비가 같은 거잖아요.

선생님   비례식은 생각보다 우리 일상에서 유용하게 쓰인단다. 특히 환전을 할 때 잘 쓰여.

2025년 2월 19일 기준으로 1달러는 1,442원이야. 이를 비로 나타내면 다음과 같아.

$$1:1442$$

이 비를 환율이라고 불러. 환율은 매일매일 달라지지. 그리고 달러를 원화로 바꾸거나, 원화를 달러로 바꿀 때 환율과 비례식을 이용하여 계산을 하지.

예를 들어 350달러를 우리나라 돈으로 바꿀 때의 비례식은 이렇게 나타낼 수 있어.

$$1:1442=350\times1:350\times1442$$

이 비례식에서 곱셈을 계산하면 350달러가 우리나라 돈으로 얼마인지 알 수 있어.

$$1:1442=350:504700$$

즉, 350달러는 우리나라 돈으로 50만 4,700원이야.

학생 우아, 그 돈이면 5,000원짜리 햄버거를 100개는 먹을 수 있겠는데요?

선생님 하하! 녀석, 방금 네가 말한 것도 비례식으로 만들 수 있겠는데?

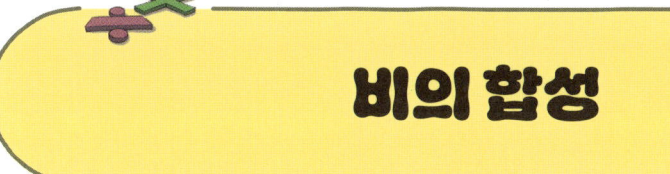

선생님 이번에는 비의 합성에 대해 알려 줄게.

학생 비의 덧셈도 아니고, 비의 합성이라고요? 그런 건 처음 들어 봐요.

선생님 비의 성질상 두 개의 비로부터 새로운 비를 만들어 낼 수 있는데 이것을 비의 합성이라고 부른단다.

학생 으음, 설명을 들어도 이해가 잘 안 돼요. 예를 들어 주세요.

선생님 그렇다면 두 직사각형을 떠올려 보렴. 길이와 넓이의 단위는 잠시 생략하고, 숫자만 보자꾸나.

이때 두 직사각형의 가로의 비는 1:4이고 세로의 비는 2:3이라고 생각하는 거야. 그럼 이 두 직사각형의 넓이의 비는 이렇게 나타낼 수 있어.

$$1 \times 2 : 4 \times 3$$
$$= 2:12$$
$$= 1:6$$

학생 1 대 4와 2 대 3, 두 비에서 전항끼리의 곱과 후항끼리 곱의 비가 곧 넓이의 비가 됐네요! 어떻게 된 거예요?

선생님 네가 좋아하는 그림으로 설명해 줘야겠구나.

자, 가로의 비가 1:4이고 세로의 비는 2:3인 두 직사각형을 그려 볼게.

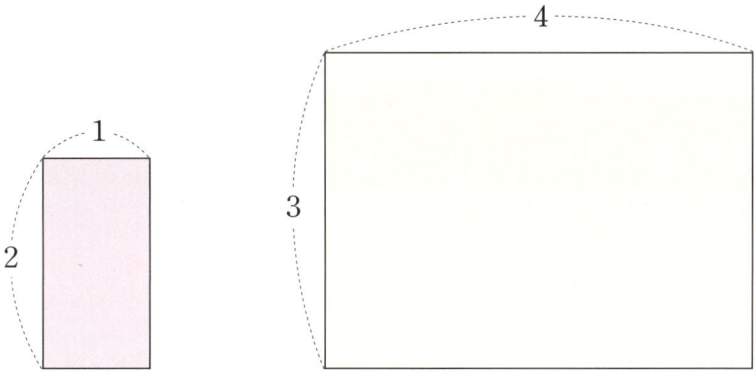

이때 왼쪽 직사각형의 넓이는 가로 1과 세로 2를 곱한 2가 되고, 오른쪽 직사각형의 넓이는 가로 4와 세로 3을 곱한 12가 된단다. 여기까지 잘 이해했니?

학생 하지만 가로의 비가 1:4이고 세로의 비는 2:3인 두 직사각형이 꼭 이 그림처럼만 생긴 것은 아니잖아요? 더 클 수도 있으니까요. 제가 생각한 두 개의 직사각형은 이런 모양이에요.

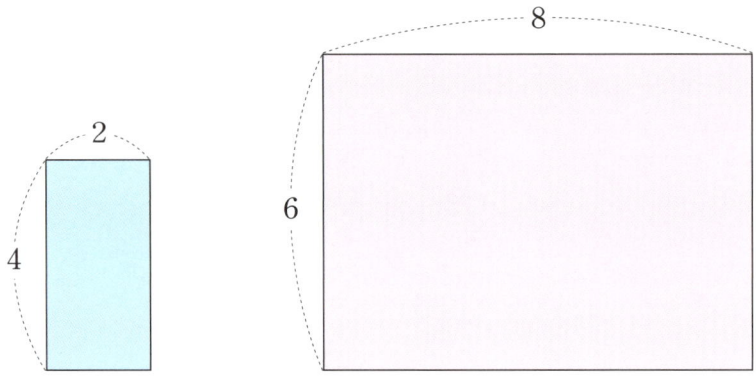

(두 직사각형의 가로의 비) 2:8＝1:4

(두 직사각형의 세로의 비) 4:6＝2:3

이러면 두 직사각형의 가로의 비와 세로의 비는 똑같지만, 두 직사각형의 넓이는 달라져요.

선생님 네 말이 맞아.

그러면 이 두 직사각형의 넓이를 구해 볼래?

학생 왼쪽 직사각형의 넓이는 가로 2와 세로 4를 곱해 8이 되고, 오른쪽 직사각형의 넓이는 가로 8과 세로 6을 곱해 48이 돼요.

선생님 잘 계산했어. 그러면 두 직사각형의 넓이의 비까지 구해 보렴.

학생 으음, 그야 8:48이지요.

이러면 넓이의 비도 달라진 것 아닌가요?

선생님 잘 구했지만, 하나 빠트린 게 있어.

이 비를 가장 간단한 비로 바꾸기 위해 전항과 후항을 두 수의 최대 공약수인 8로 나누어 줘야 하잖니.

학생 앗, 그러면 8을 8로 나눈 몫은 1이고 48을 8로 나눈 몫은 6이니까…….

1:6으로 넓이의 비도 같아지네요!

선생님 그래, 맞아. 처음에는 조금 헷갈릴 수 있지만, 한 번 계산해 보면 확실히 알 수 있어.

이번에는 정사각형의 경우를 생각해 보자.

학생 이번엔 실수하지 않을게요!

선생님 좋아. 그럼 두 정사각형의 한 변의 길이의 비가 1:2라고 했을 때, 두 정사각형의 넓이의 비는 얼마일까?

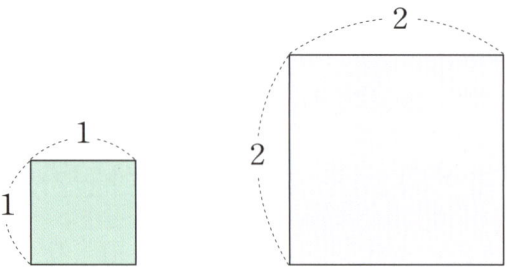

학생 정사각형은 가로의 길이와 세로의 길이가 같은 사각형이에요.

따라서 두 정사각형의 넓이의 비는 이렇게 나타낼 수 있어요.

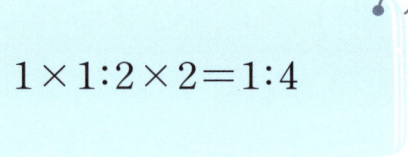

선생님 좋아, 이제 응용 문제도 잘 풀 수 있겠구나! 이번에는 한 발 더 나아가서, 한 변의 길이의 비가 1:2인 두 정육면체를 비교해 보자.

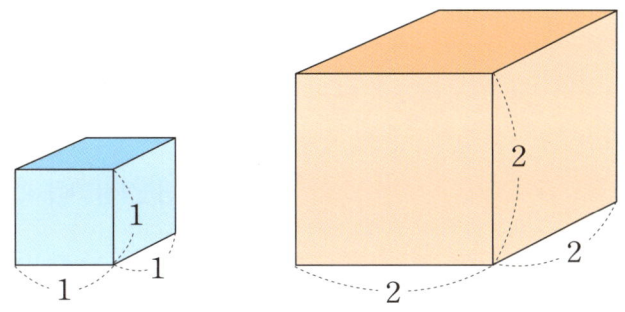

이 두 정육면체의 부피의 비도 쉽게 구할 수 있어.
정육면체의 부피는 한 변의 길이를 세 번 곱하면 되니까, 두 정육면체의 부피의 비는 이렇게 나타낼 수 있겠지?

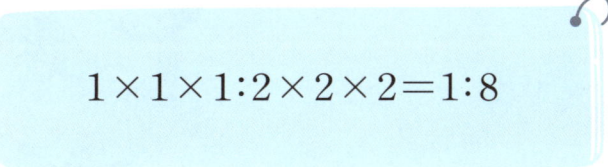

$$1 \times 1 \times 1 : 2 \times 2 \times 2 = 1 : 8$$

학생　더 연습해 보고 싶어요. 혹시 이 공식을 쓸 수 있는 문제가 또 없을까요?

선생님　흠, 그러고 보니 마침 딱 맞는 이야기가 떠오르는구나. 『걸리버 여행기』라는 책 알고 있니?

학생　네, 알아요! 걸리버가 여러 환상의 세계를 여행하는 이야기잖아요. 소인국과 하늘을 나는 섬에 방문하고요!

선생님 잘 알고 있구나! 그렇다면 이 문제에 대해 생각해 보자꾸나.

만약 걸리버의 키가 소인들보다 12배 더 크다면, 걸리버는 소인들 기준으로 몇 인분의 식사를 먹어야 배를 채울 수 있을까?

학생 으아! 갑자기 문제가 너무 어려워진 거 아니에요?

선생님 어려워지다니, 앞에서 풀었던 문제랑 똑같단다. 방금 내가 한 이야기에도 비가 하나 숨어 있잖니.

학생 으음…… 아! 걸리버의 키와 소인의 키의 비 말씀이시죠? 걸리버가 12배 더 크다고 했으니까 이렇게 나타낼 수 있겠어요.

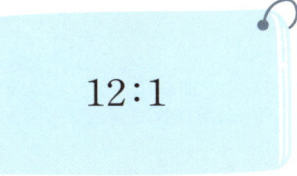

선생님 맞아! 그러면 걸리버가 먹어야 할 음식의 양은 어떻게 구할 수 있을까?

학생 음식의 양은 다시 말해 음식의 부피니까, 걸리버가 먹는 음식의 양과 소인이 먹는 음식의 양 사이의 비율은 키에 대한 부피의 비로 구하면 돼요! 그러니까 12와 1을 각각 세제곱하면 둘 사이의 부피의 비가 완성돼요.

선생님 아주 잘했어! 그러니까 걸리버가 소인의 음식으로 배를 채우려면 1,728인분을 먹어야 하는 거란다.

학생 소인들이 하루 종일 요리를 해 줘도 모자라겠어요!

비가 일정한 수열

선생님 이번에는 비가 일정한 수열을 살펴볼 거야. 예를 들면 다음과 같은 수열이지.

1, 2, 4, 8, 16, 32, 64, 128, ······

학생 이전 수보다 다음 수가 두 배씩 커지는 수열이네요.

선생님 잘 파악했어. 이 수열에서는 다음과 같은 비례식이 성립한다는 것을 알 수 있어.

(첫째 수) : (둘째 수)
=(둘째 수) : (셋째 수)
=(셋째 수) : (넷째 수)
=……
1 : 2
=2 : 4
=4 : 8
=……

이런 수열을 비가 일정한 수열이라고 불러. 앞의 항을 기준량으로, 뒤의 항을 비교하는 양으로 본다면 이웃한 두 항의 비율은 이렇게 나타낼 수 있지.

$$\frac{2}{1}=\frac{4}{2}=\frac{8}{4}=\frac{16}{8}=\cdots\cdots=2$$

그리고 이처럼 이웃한 두 항의 비율은 모두 일정한 값이 돼. 이 성질을 이용하면 수열에서 10번째 수가 어떤 수인지 금방 찾을 수 있지.

앞에서 말한 대로 첫 번째 수에 대한 두 번째 수의 비는 2니까, 비율로는 이렇게 나타낼 수 있어.

$$\frac{두 번째 수}{첫 번째 수} = 2$$

여기에서 왼쪽과 오른쪽에 각각 첫 번째 수를 곱해서 정리해 주면 이런 식이 되지.

$$(두 번째 수) = 2 \times (첫 번째 수)$$

세 번째 수와 두 번째 수 사이에도 똑같은 비율이 적용되니까 이렇게 정리할 수 있지.

$$\frac{\text{세 번째 수}}{\text{두 번째 수}} = 2$$

(세 번째 수) = 2 × (두 번째 수)

= 2 × 2 × (첫 번째 수)

그 이후의 수도 마찬가지야.

(네 번째 수) = 2×2×2× (첫 번째 수)

(다섯 번째 수) = 2×2×2×2× (첫 번째 수)

(여섯 번째 수) = 2×2×2×2×2× (첫 번째 수)

(일곱 번째 수) = 2×2×2×2×2×2× (첫 번째 수)

(여덟 번째 수) = 2×2×2×2×2×2×2× (첫 번째 수)

(아홉 번째 수) = 2×2×2×2×2×2×2×2× (첫 번째 수)

(열 번째 수) = 2×2×2×2×2×2×2×2×2× (첫 번째 수)

이렇게 보면 구하는 열 번째 수는 512라는 것을 알 수 있어.

학생 헉! 2를 열 번 더해도 20밖에 안 되는데, 2를 아홉 번 곱하면 512나 되네요?

선생님 맞아. 곱셈을 하면 덧셈을 할 때보다 수가 금방금방 늘어난단다. 마치 우리 몸의 세포가 순식간에 분열하는 것처럼 말이야.

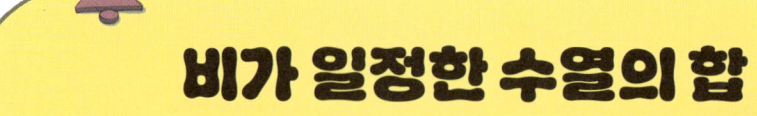

비가 일정한 수열의 합

선생님 이제 비가 일정한 수열의 합을 구해 보자. 오일러는 『대수학 원론』에서 비가 일정한 수열의 합을 구하는 아주 쉬운 방법을 알려 주고 있어.

우리는 그 방법을 써서 비가 2로 일정한 수열의 합을 구해 볼 거야.

1, 2, 4, 8, 16, 32, 64, 128, 256, 512

학생 이 많은 수의 합을 쉽게 구할 수 있다고요?

선생님 그렇다니까. 우선 이 수열의 합을 ㉠이라고 하자.

$$㉠ = 1+2+4+8+16+32$$
$$+64+128+256+512$$
$$\Rightarrow (다)$$

이 식에 2를 곱하면, 식이 이렇게 변해.

$$2 \times ㉠ = 2+4+8+16+32+64+128$$
$$+256+512+1024$$
$$\Rightarrow (라)$$

학생 앗! 맨 앞에 있던 1이 빠지고, 원래 수열의 합에 있던 2+4+8+16+32+64+128+256+512이라는 식이 또 나타났어요.

선생님 잘 찾았구나! 그럼 이제 (다) 등호의 왼쪽과 오른쪽에서 똑같이 1을 빼 봐. 그래도 등식은 성립할 거야.

$$㉠-1=2+4+8+16+32+64$$
$$+128+256+512$$
$$\Rightarrow (마)$$

학생 등호의 왼쪽과 오른쪽에서 1을 뺐는데도 어떻게 여전히 등식이 성립할 수 있어요?

선생님 궁금하니? 아주 간단하게 증명할 수 있단다.

자, 이렇게 등호의 왼쪽 수와 오른쪽 수가 같은 식을 보렴.

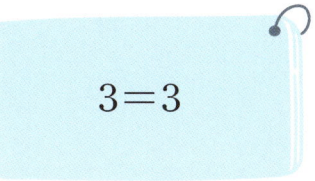

$$3=3$$

이 식에 있는 등호의 왼쪽과 오른쪽에서 똑같이 1을 빼면 이렇게 쓸 수 있어.

$$3-1=3-1$$

학생 왼쪽에서도 1, 오른쪽에서도 1을 뺐으니까 계산하면 양쪽이 모두 2가 되겠네요!

선생님 그래. 등호의 왼쪽과 오른쪽에서 같은 수를 빼면 일반적으로 등식은 성립한단다. 이제 헷갈릴 일 없겠지?

학생 네!

선생님 좋아! 그럼 다시 원래의 계산으로 돌아가자. (마)를 (라)에 넣으면 새로운 식을 얻을 수 있어.

$$2 \times ㉠ = ㉠ - 1 + 1024$$
$$\Rightarrow \text{(바)}$$

학생 그럼 ㉠의 값은 어떻게 구해요?

선생님 같은 수를 두 번 더하는 것은 그 수에 2를 곱하는 것과 같다는 성질을 이용하면 돼.

그러니까 (바)에서 등호의 왼쪽에 있는 2×㉠도 마찬가지로 ㉠+㉠으로 바꿔 쓸 수 있어.

$$㉠+㉠=㉠+1024-1$$
$$\Rightarrow (사)$$

학생 앗! 선생님, 이렇게 되면 ㉠의 값은…….

선생님 눈치 챘구나? 맞아, 이제 (사)에서 등호의 왼쪽과 오른쪽에서 똑같이 ㉠을 빼기만 하면 ㉠의 값을 알 수 있어. 계산하면 이렇게 되지.

$$㉠=1024-1=1023$$

여기서 1024는 수열의 마지막 수의 2배라는 걸 꼭 기억해 두렴.

학생 비가 3으로 일정한 수열의 합도 이런 식으로 구할 수 있나요? 예를 들면 이런 수열 말이에요.

> 1, 3, 9, 27, 81, 243

선생님 맞아. 이 수열의 합을 ㉠이라고 하면 이런 식을 세울 수 있지.

> ㉠ = 1 + 3 + 9 + 27 + 81 + 243
> ⇒ (아)

학생 그럼 이번에도 아까처럼 이 식에 2를 곱하면 되나요?

선생님 아니야. 아까는 수열의 비가 2였으니까 2를 곱했지만, 이번 수열의 비는 3이니까 3을 곱해야 해.
그래야 같은 수들이 나타나거든.

학생 아하!

선생님 그래서 방금 세운 식인 (아)에 3을 곱하면 식이 이렇게 변해.

$$3 \times ㉠ = 3+9+27+81+243+729$$
⇒ (자)

학생 오, 처음 수열에서 봤던 $3+9+27+81+243$이 다시 나타나네요! 맨 앞에 1이 더해지지 않은 것만 빼면 ㉠과 똑같으니까 이렇게도 쓸 수 있겠어요.

$$3+9+27+81+243 = ㉠-1$$
⇒ (차)

선생님 그래. 아까와 비슷하지? 이제 아까처럼 (차)를 (자)에 넣으면 이런 식이 돼.

$$3 \times ㉠ = ㉠ - 1 + 729$$

학생 2×㉠을 덧셈으로 나타내면 ㉠+㉠이었으니까, 위의 식에서 3×㉠을 덧셈으로 바꾸면 ㉠+㉠+㉠이 되겠네요.

$$㉠+㉠+㉠=㉠-1+729$$

선생님 아주 잘했어! 이제 아까처럼 등호의 왼쪽과 오른쪽에서 똑같이 ㉠를 빼 주면 된단다.

학생 앗, 선생님. 그런데 이번에는 등호의 왼쪽에 ㉠이 2개 남았어요!

$$㉠+㉠=729-1$$

선생님 걱정 마. 등식에서 양쪽의 수를 똑같은 수로 나눠도 등식이 성립하거든. 이 성질을 이용해 계산해 주면 ㉠의 값을 얻을 수 있어.

$$㉠=(729-1)÷2$$

학생   여기서 나오는 729도 수열의 마지막 수 243에 일정한 비의 값 3을 곱한 수네요.

선생님   맞아. 규칙이 보이지? 따라서 일반적으로 첫 번째 수가 1이고 비가 일정한 수열의 합은 이런 공식으로 나타낼 수 있어.

$$(비 × 마지막 수 - 처음 수) ÷ (비 - 1)$$

학생   우아, 이 공식을 쓰면 아무리 긴 수열의 합도 금방 구할 수 있을 것 같아요!

계산기로 하나하나 더하는 것보다 빠르겠는걸요.

선생님   그렇지? 아무리 계산 연습을 하더라도, 이렇게 차근차근 증명해 가며 알아낸 공식만큼 효과적이지는 않단다.

학생   네. 앞으로도 수업 열심히 들을게요!

비가 일정한 수열의 응용

학생   그런데 선생님, 수학 수업 말고 일상생활에서 비가 일정한 수열이 쓰일 때가 있나요?

선생님   물론 있지. 부모님이 가끔 돈을 넣어 두러 은행에 가신다는 얘기를 들은 적이 있지?

학생   네, 맞아요. 그냥 갖고 있다가 필요할 때 쓰면 안 되는 거예요?

선생님   그럴 수도 있지만, 그러면 손해를 보게 될 거야. 은행에 돈을 넣어 두면 돈이 점점 늘어나거든. 이것은 비가 일정한 수열과 관계가 있어.

학생 우아, 정말요?

선생님 그래. 처음 은행에 맡긴 돈을 원금이라고 하는데, 이 원금을 10,000원이라고 해 보자.

그리고 거기에 붙는 은행 이자는 연리 0.05라고 치는 거야.

학생 말이 너무 어려워요. 연리가 뭐예요?

선생님 간단히 말해 1년 치의 이자라는 뜻이야.

원금을 1년 동안 찾지 않고 은행에 맡겨 두면 원금에 연리를 곱한 만큼의 돈을 더 받을 수 있어.

$$10000 + 10000 \times 0.05$$
$$= 10000 + 500 = 10500(원)$$

그러니까 1년 후에 통장의 돈은 10,000원에서 500원 늘어난 10,500원이 되지. 이 식을 더 간단하게 정리하면 이렇게 쓸 수 있어.

$$10000 \times 1 + 10000 \times 0.05$$
$$= 10000 \times (1 + 0.05)$$
$$= 10000 \times 1.05$$

학생 오호! 그럼 은행에 돈을 오래 맡겨 둘수록 통장의 돈이 많아지겠네요!

선생님 물론이야. 만일 은행에 10,000원을 2년 동안 맡겨 두면 1년 후에는 10,500원이 되고, 다시 1년 후에는 늘어난 10,500원의 원금을 기준으로 이자가 또 더해져.

학생 그럼 이번엔 이자를 계산할 때 10,500원에 1.05를 곱해야 하는 거예요?

선생님 어려웠을 텐데 잘 이해했구나! 맞아, 바로 그거야. 그렇게 계산한 이자와 원금 10,500원을 더하면 받을 수 있는 돈의 금액이 나오지.

$$10500 + 10500 \times 0.05 = 11025$$

이 식을 계산하기 더 쉽게 정리해 보자. 결합 법칙을 사용하면 더 깔끔하게 정리할 수 있어.

$$10500 \times 1 + 10500 \times 0.05$$
$$= 10500 \times (1 + 0.05)$$
$$= 10500 \times 1.05$$
$$= 10000 \times 1.05 \times 1.05$$

학생   2년이 지난 뒤 통장에 든 돈은 원금 10,000원에 1.05를 두 번 곱하면 되는군요. 그럼 3년 후 통장에 들어 있는 돈은 원금에 1.05를 세 번 곱하면 되겠네요!

$$10000 \times 1.05 \times 1.05 \times 1.05$$

선생님 맞아. 처음 은행에 맡긴 돈, 1년 후 통장의 돈, 2년 후 통장의 돈, 3년 후 통장의 돈을 차례로 적어 보면 규칙을 바로 파악할 수 있어.

$$10000$$
$$10000 \times 1.05$$
$$1000 \times 1.05 \times 1.05$$
$$10000 \times 1.05 \times 1.05 \times 1.05$$

즉, 이 수 들은 비가 1.05로 일정한 수열이 돼.

학생 또 다른 예를 들어 주세요.

선생님 얼마든지! 과학 시간에 원자에 대해 배운 적이 있니?

학생 네. 과학 선생님이 모든 물질은 원자로 이루어져 있다고 하셨어요.

선생님 잘 배웠구나. 그런데 원자는 원자핵과 전자로 이루어져 있어.

또 원자핵 속에는 양의 전기를 띤 양성자들과 전기를 띠고 있지 않은 중성자들이 있어.

원자핵 주위를 도는 전자는 음의 전기를 띠고 있지.

1938년 독일의 물리학자 오토 한(Otto Hahn), 프리츠 슈트라스만(Fritz Strassmann), 리제 마이트너(Lise Meitner)는 중성자를 어떤 원자핵에 충돌시키면 원자핵이 두 개의 새로운 원자핵으로 쪼개진다는 것을 알아냈어. 그들이 고른 원자핵은 우라늄이었어. 세 명의 물리학자는 우라늄에 중성자를 충돌시키면 우라늄 원자핵이 바륨 원자핵과 크립톤 원자핵으로 쪼개어지고 다시 중성자 2개

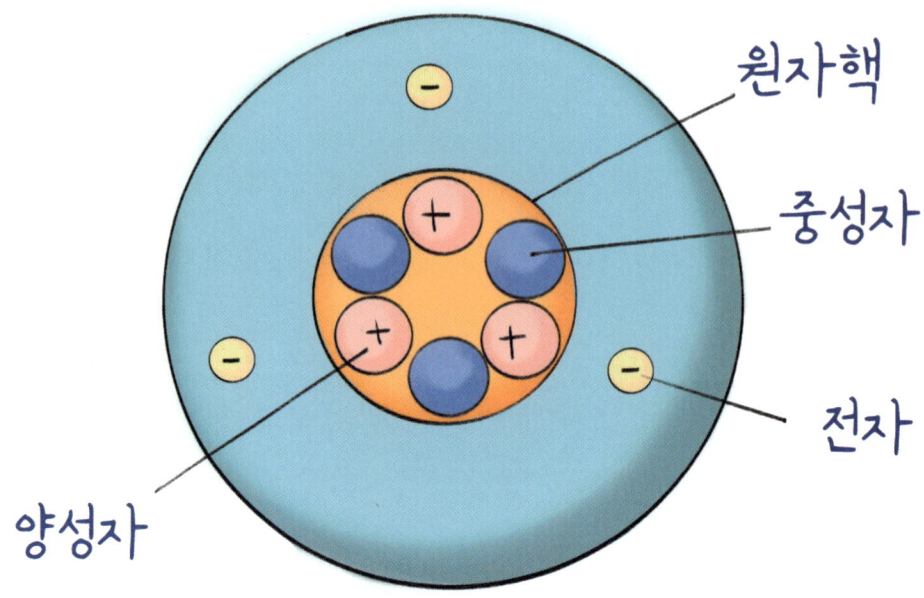

가 튀어나오는 것을 알아냈어. 그들은 이 반응에서 에너지가 발생한다는 사실까지 밝혀냈지. 이때 튀어나온 두 개의 중성자가 다시 우라늄 핵을 두 개의 원자핵으로 쪼개고, 이때 튀어나온 중성자들이 다시 우라늄 핵을 쪼개고, 이런 식으로 우라늄 원자핵들이 쪼개지는 반응이 연쇄적으로 일어나는데 이것을 연쇄 핵분열이라고 불러.

학생 으음, 잘은 모르겠지만 원자핵들이 계속해서 쪼개진다는 거죠?

선생님 맞아. 마치 케이크를 반으로 자른 뒤, 두 개의 조각을 다시 반으로 자르고, 이렇게 생긴 네 개의 케이크 조각을 다시 반으로 자르는 일을 반복하는 것과 비슷해.

원자력 발전은 이렇게 우라늄 원자핵들이 연쇄 핵분열을 할 때 발생하는 에너지를 이용한 발전 방식이야.

학생 원자핵들이 쪼개질 때마다 에너지가 나오면 엄청난 양이겠네요!

선생님 맞아. 바로 여기에서 비가 일정한 수열이 등장해.

우선 하나의 중성자가 우라늄 원자핵과 충돌해 우라늄 원자핵을 두 개로 쪼갠 후, 두 개의 중성자가 튀어나오는 반응에서 발생하는 에너지를 1이라고 해 보자.

이때 두 개의 중성자가 튀어나와 다시 두 개의 핵을 쪼개면서 에너지가 발생하는데, 이때 발생하는 에너지는 아래와 같이 나타낼 수 있어.

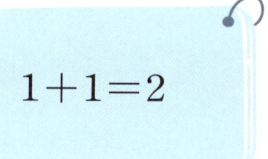

$$1+1=2$$

이 과정에서 튀어나오는 중성자의 수는 4개이고 이 네 개의 중성자는 다시 4개의 우라늄 원자핵을 쪼개면서 8개의 중성자가 튀어나오게 하지. 이 과정에서 발생하는 에너지는 몇일까?

학생 4개의 원자핵을 쪼갰으니까, 4지요?

선생님 맞아. 그리고 그 과정에서 튀어나온 8개의 중성자는 다시 8개의 우라늄 원자핵을 쪼개. 이때 16개의 중성자가 튀어나오는데 이 과정에서 발생하는 에너지는 8이지.

학생 와, 금세 늘어나네요.

선생님 그렇지? 이처럼 각 단계에서 발생하는 에너지의 수치를 차례로 적어 볼까?

> 1, 2, 4, 8, 16,……

그러면 이런 식으로 비가 2로 일정한 수열이 만들어지지. 그런데 사실, 원자력 발전에 사용되는 우라늄 속 우라늄 원자핵의 수는 엄청나게 많아. 그러니까 아주 많은 단계를 거치면 발생하는 에너지도 어마어마하게 커지지. 이 에너지를 이용해서 전기를 만들어 내는 것이 바로 원자력 발전이야.

무한히 더하기

학생 비가 일정한 수열에서 무한히 많은 수를 더하면 엄청나게 큰 수가 나오겠네요.

선생님 그럴 것 같지? 하지만 사실 그건 비의 값에 따라 달라져. 이 수열의 합이 얼마일지 생각해 볼까?

$$1+2+4+8+16+32+64+128+256+\cdots\cdots$$

학생 으아, 딱 봐도 끝도 없이 커질 것 같아요.

선생님 맞아! 비가 2인 경우에는 다음 수가 두 배씩 커지니까 수들을 무한히 더하면 상상할 수 없을 정도로 큰 수가 나오지.

하지만 비가 1보다 작을 때는 이야기가 달라져. 예를 들어 이 수열을 봐.

$$\frac{1}{2}, \frac{1}{4}, \frac{1}{8}, \frac{1}{16}, \frac{1}{32}, \ldots\ldots$$

이 수열은 비가 $\frac{1}{2}$로 일정한 수열이야. 그런데 뭔가 이상하지 않니?

학생 네. 처음 보여 주신 수열과 달리 이 수열은 뒤로 갈수록 점점 작은 수가 되네요.

선생님 맞아. 이 수열의 수들을 무한히 많이 더한 것을 ㉠이라고 하면 이 값은 일정한 수가 돼.

$$㉠ = \frac{1}{2} + \frac{1}{4} + \frac{1}{8} + \frac{1}{16} + \frac{1}{32} + \cdots\cdots$$

학생 왜 그런 거죠?

선생님 처음 수는 $\frac{1}{2}$이고 두 번째 수는 $\frac{1}{2}$의 절반인 $\frac{1}{4}$이고, 세 번째 수는 $\frac{1}{4}$의 절반인 $\frac{1}{8}$이고, 네 번째 수는 $\frac{1}{8}$의 절반인 $\frac{1}{16}$이거든.

말로만 설명하면 헷갈리니까 색종이를 이용해 직접 보여 줄게.

학생 좋아요!

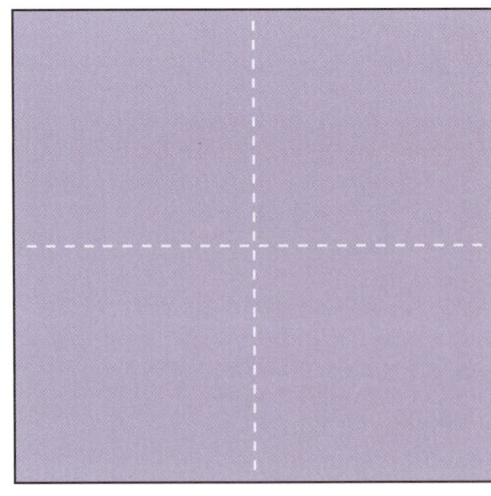

선생님 잘 따라오렴. 우선 정사각형 모양의 색종이 한 장을 준비하고, 색종이 한 장의 넓이를 1이라고 하자.

이제 이 색종이를 절반으로 잘라. 색종이 절반의 넓이는 $\frac{1}{2}$이니까, 이것을 식으로 나타내면 이렇게 돼.

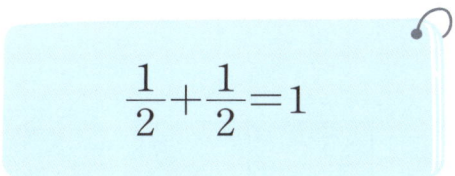

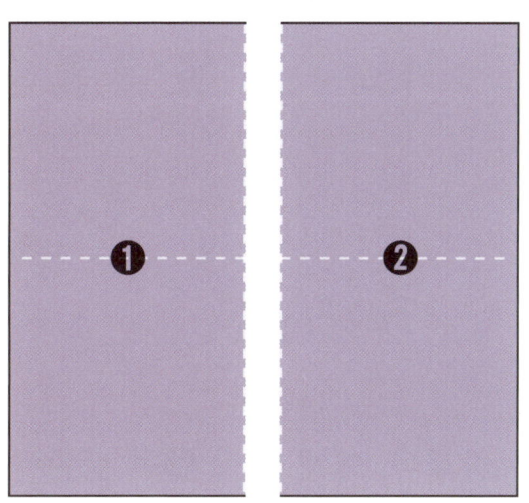

자, 이제 ❷번 색종이를 다시 절반으로 나눠 보는 거야. 이것을 식으로 나타내면 어떻게 될까?

학생 넓이가 1인 색종이를 반 자른 조각 하나와 4등분한 조각 둘이 있으니까 이렇게 나타낼 수 있을 것 같아요.

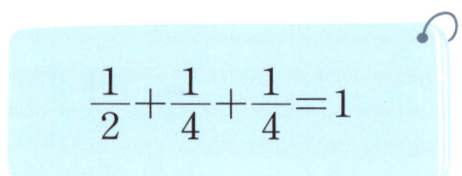

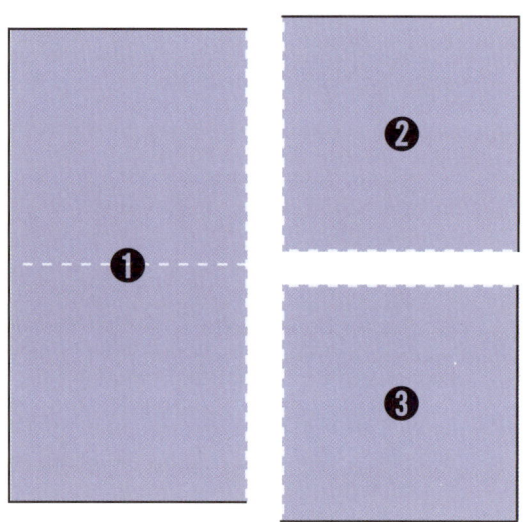

선생님 아주 잘했어. 이제 다시 ❸번 색종이를 절반으로 잘라. 이것을 식으로 나타내면 다음과 같아.

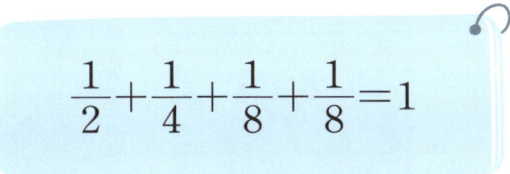

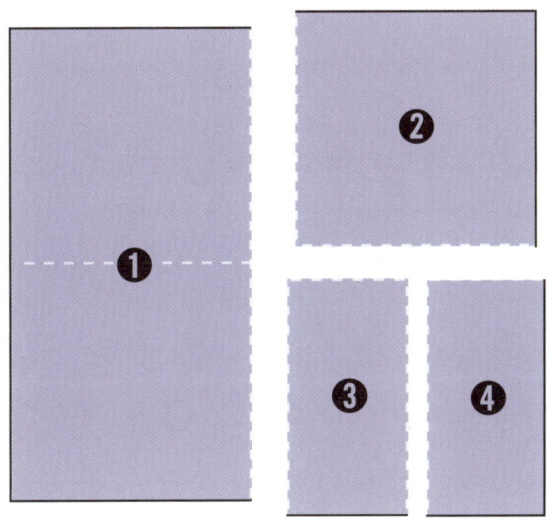

그다음, ❹번 색종이를 다시 절반으로 잘라. 이것을 식으로 나타내면 이렇게 돼.

$$\frac{1}{2}+\frac{1}{4}+\frac{1}{8}+\frac{1}{16}+\frac{1}{16}=1$$

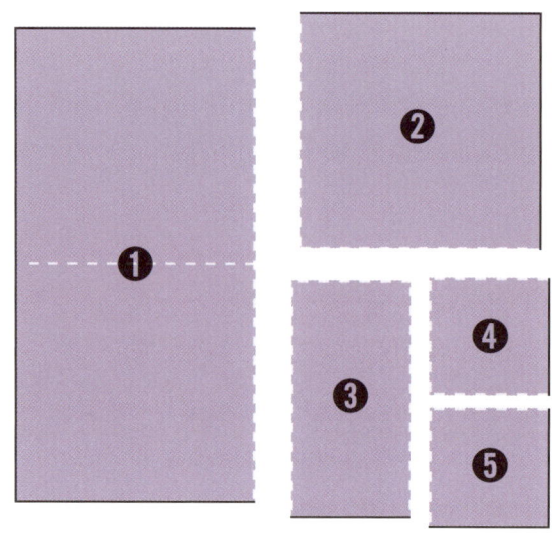

학생 마지막은 제가 해 볼게요. ❺번 색종이를 다시 둘로 자르면 색종이 반 조각 하나, 4등분한 조각 하나, 8등분한 조각 하나, 16등분한 조각 하나와 32등분한 조각 두 개가 돼요. 이걸 식으로 나타내면 이렇게 되겠네요!

$$\frac{1}{2}+\frac{1}{4}+\frac{1}{8}+\frac{1}{16}+\frac{1}{32}+\frac{1}{32}=1$$

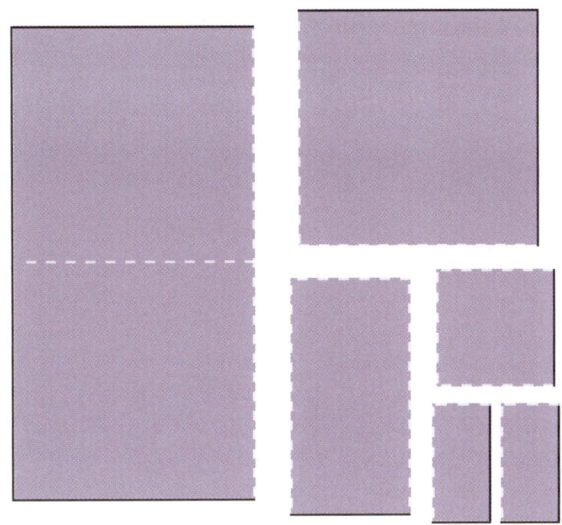

선생님 잘했어! 이런 식으로 무한히 색종이를 자르게 되면 두 개로 잘린 색종이는 처음 색종이의 넓이의 절반이 돼. 이것을 식으로 나타내면 바로 이런 등식이 완성되지.

$$\frac{1}{2}+\frac{1}{4}+\frac{1}{8}+\frac{1}{16}+\frac{1}{32}+\cdots\cdots=1$$
$$\Rightarrow ㉠$$

학생 우아, 색종이 한 장으로 완벽하게 설명되네요. 이렇게 무한히 많은 수를 더하는데도 값은 똑같이 1이 나온다는 게 정말 신기해요.

선생님 비가 1보다 작아서 수들이 점점 작아지기 때문이야. 이번에는 색종이를 쓰지 않고 증명해 줄게. ㉠에 $\frac{1}{2}$을 곱해 보면 이렇게 돼.

$$\frac{1}{2} \times ㉠ = \frac{1}{4} + \frac{1}{8} + \frac{1}{16} + \frac{1}{32} + \cdots\cdots$$
$$\Rightarrow (가)$$

그런데 ㉠은 색종이의 전체 넓이와 같으니까 이렇게도 나타낼 수 있지.

$$\frac{1}{4} + \frac{1}{8} + \frac{1}{16} + \frac{1}{32} + \cdots\cdots = ㉠ - \frac{1}{2}$$

학생 그렇군요! 전체 색종이에서 반 조각을 빼면 4등분 조각, 8등분 조각, 16등분 조각들처럼 잘게 자른 조각들만 남으니까요.

선생님 맞아. 그리고 이 식과 위의 (가) 식을 이으면 이렇게 돼.

$$\frac{1}{2} \times ㉠ = \frac{1}{4} + \frac{1}{8} + \frac{1}{16} + \frac{1}{32} + \cdots = ㉠ - \frac{1}{2}$$

$$\rightarrow \frac{1}{2} \times ㉠ = ㉠ - \frac{1}{2}$$

이제 이 등식의 왼쪽과 오른쪽에 똑같이 2를 곱해서 식을 깔끔하게 정리해 보는 거야.

$$2 \times \frac{1}{2} \times ㉠ = 2 \times \left(㉠ - \frac{1}{2}\right)$$

$$\rightarrow ㉠ = 2 \times ㉠ - 2 \times \frac{1}{2}$$

$$\rightarrow ㉠ = 2 \times ㉠ - 1$$

어때, 분배 법칙을 이용하니까 깔끔하게 정리됐지?

학생 네!

선생님 하지만 아직 정리해야 할 게 더 남았어.

그다음은 마지막 등식의 왼쪽과 오른쪽에 똑같이 1을 더해서 오른쪽의 1을 없애 주자. 이렇게 하면 다음과 같은 식이 나와.

$$㉠+1=2\times㉠$$

자, 여기서부터는 익숙하지?

학생 네! $2\times㉠$을 $㉠+㉠$로 바꿔 쓸 수 있으니까, 앞서 말한 식은 이렇게 바꿔 쓸 수 있어요.

$$㉠+1=㉠+㉠$$

그리고 마지막으로 이 식의 왼쪽과 오른쪽에서 똑같이 ㉠을 빼 주면 ㉠의 값을 구할 수 있어요.

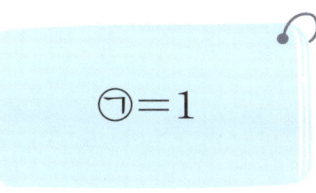

선생님　바로 그거야. 아주 잘 했구나!

학생　아이고, 그렇지만 색종이로 할 때가 더 쉽고 재밌어요.

선생님　하하, 그런가? 하지만 오일러의『대수학 원론』에 있는 방법도 한번 써 봐야지. 그냥 넘어가면 너무 아쉽지 않겠니?

학생　어려운 거 했으니까 이번에는 재미있는 내용 알려 주세요. 네?

선생님　그렇게 말한다면, 이번에는 무한 소수를 분수로 바꾸는 방법을 알려 줄게!

학생　무한 소수요? 어려워 보이는데……. 무한 소수가 뭐예요?

선생님　$\dfrac{1}{4}$을 소수로 바꾸면 0.25가 돼. 소수점 아래에 수가 두 개 적혀 있지? 이렇게 소수점 아래에 있는 수의 개수가 유한한 소수를 유한 소수라고 해.

이번에는 $\frac{1}{9}$을 소수로 바꿔 보렴.

학생 나눗셈을 해 볼게요.

$$
\begin{array}{r}
0.111\cdots\cdots \\
9\overline{)10} \\
\underline{9} \\
10 \\
\underline{9} \\
10 \\
\underline{9} \\
1
\end{array}
$$

$\frac{1}{9} = 0.1111\cdots\cdots$

선생님, 이상해요!

소수점 아래로 1이 계속 이어지고 끝나지가 않아요.

선생님 바로 그거야. 소수점 아래에 수가 무한히 많이 생기지?

이런 소수를 무한 소수라고 불러.

$$\frac{1}{9} = 0.1111\cdots\cdots$$

비가 일정한 수열의 합을 이용하면 위와 같은 등식이 성립하는 이유를 알 수 있어. 먼저 0.1111……을 자릿수에 따라 쪼개면 이렇게 쓸 수 있어.

$$0.1111\cdots\cdots$$
$$= 0.1 + 0.01 + 0.001 + 0.0001 + \cdots\cdots$$
$$= \frac{1}{10} + \frac{1}{100} + \frac{1}{1000} + \frac{1}{10000} + \cdots\cdots$$

이 중 맨 마지막 식을 ㉠이라고 할게.

$$㉠ = \frac{1}{10} + \frac{1}{100} + \frac{1}{1000} + \frac{1}{10000} + \cdots\cdots$$

여기에서 등호 오른쪽, 맨 앞의 수를 1로 만들기 위해 ㉠에 10을 곱해 보는 거야. 그러면 이런 식이 만들어져.

$$10 \times ㉠ = 1 + \frac{1}{10} + \frac{1}{100} + \frac{1}{1000} + \cdots\cdots$$

이것을 다시 정리하면 아래와 같이 쓸 수 있어.

$$10 \times ㉠ = 1 + ㉠$$

학생 선생님, 그러면 여기서 ㉠의 값을 어떻게 구해야 하죠?

선생님 간단해. 10에 ㉠을 곱한 값은 ㉠을 열 번 더한 값과 같잖아. 그러니까 앞에서 정리한 식에서, 등호의 왼쪽에 있는 $10 \times ㉠$ 이라는 식을 이렇게 바꿔 쓸 수 있어.

$$㉠+㉠+㉠+㉠+㉠+㉠+㉠+㉠+㉠+㉠=1+㉠$$

이제 계산만 하면 끝이야!

학생 좋아요. 그렇다면 모르는 숫자를 없애기 위해 등호의 왼쪽과 오른쪽에서 똑같이 ㉠을 빼 줄게요. 그러면 식이 이렇게 바뀌어요.

$$㉠+㉠+㉠+㉠+㉠+㉠+㉠+㉠+㉠=1$$

㉠을 아홉 번 더하면 1이 되네요!

선생님 맞아. 그러니까 ㉠은 1보다 작은 수가 되겠지. 더 정확한 값을 알려면, ㉠을 더한 횟수로 1을 나누면 돼. 예를 들어 ㉡을 2번 더하면 1이 나온다고 하자.

$$㉡+㉡=1$$

이것을 다시 쓰면 $2 \times ㉡ = 1$이니까, ㉡의 값은 아래와 같지.

$$\frac{1}{2}+\frac{1}{2}=1$$

그럼 아래의 식에서 ⓒ의 값은 무엇일까?

$$ⓒ+ⓒ+ⓒ=1$$

학생 ⓒ을 3번 더해야 1이 나오는 거니까, 1을 3으로 나눠 주면 되겠네요. 여기에서 ⓒ은 $\frac{1}{3}$이에요!

$$\frac{1}{3}+\frac{1}{3}+\frac{1}{3}=1$$

선생님 잘했어. 그러므로 아까 보았던 아홉 번 더해야 1이 나오는 ㉠의 값은 1을 9로 나누면 구할 수 있어.

따라서 이 식을 만족하는 ㉠의 값은 $\frac{1}{9}$이 되지. 이런 방법으로 무한 소수를 분수로 바꿀 수 있어.

학생 무한히 이어지는 수를 간단하게 분수로 나타낼 수 있다니, 정말 신기해요!

다음에는 또 뭘 배우게 될지 무척 기대돼요.

최초의 원자로를 만든 페르미

    1942년 이탈리아의 물리학자 페르미는 최초로 원자로를 만들었다. 1942년 12월 2일 오후 3시 25분 시카고대학 운동장 지하에 설치한 '시카고 파일-1(Chicago Pile-1)'로 불리는 세계 최초의 원자로에서 연쇄 핵분열을 천천히 일어나게 하여 원자력 발전에 성공한 것이다.

    페르미는 중성자가 물속에서 천천히 움직인다는 사실을 이용해 물을 원자력 반응의 감속재(물질의 속도를 낮추기 위한 재료)로 사용하고, 전기가 충분히 만들어진 후에는 카드뮴 제어봉으

로 중성자를 포획하여 더는 핵분열 반응이 일어나지 않게 하는 방법을 썼다. 페르미는 이 방법으로 연쇄 핵분열을 발전에 사용할 수 있었다.

핵분열 방식을 이용한 전력 생산은 1948년 9월 미국 테네시주 오크리지에 설치된 X-10 원자로에서 전구의 불을 밝히는 데에서 시작되었다.

1954년 6월 소련 오브닌스크에 건설된 원자로는 세계 최초로 대규모 전력 생산을 목적으로 하는 원자력 발전소였다. 그때 오브닌스크 원자력 발전소의 전력 용량은 5메가와트였다.

10살에 시작하는 오일러의 대수학 원론 ❷

ⓒ 정완상, 2025

초판 1쇄 인쇄일 2025년 4월 14일
초판 1쇄 발행일 2025년 4월 30일

지은이　　정완상
그린이　　김옥희
펴낸이　　정은영

책임편집　유지서 장새롬
편집　　　서효원 전욱진 이주연 윤가영
디자인　　책은우주다 강우정
마케팅　　최금순 이언영 연병선 송의정
제작　　　홍동근

펴낸곳　　(주)자음과모음
출판등록　2001년 11월 28일 제2001-000259호
주소　　　10881 경기도 파주시 회동길 325-20
전화　　　편집부 (02)324-2347, 경영지원부 (02)325-6047
팩스　　　편집부 (02)324-2348, 경영지원부 (02)2648-1311
이메일　　jamoteen@jamobook.com

ISBN　978-89-544-5259-5　74410
　　　　978-89-544-5257-1　(세트)

잘못된 책은 구매처에서 교환해 드립니다.
저자와의 협의하에 인지는 붙이지 않습니다.